As poderosas rainhas

Amy Dickinson

As poderosas rainhas

Um romance sobre a solidariedade feminina

Tradução
Eliana Rocha

Ediouro

Título original: *The Mighty Queens of Freeville: a Mother,
a Daughter and the Town That Raised Them*
© 2009 by Amy Dickinson
Todos os direitos reservados à Ediouro Publicações Ltda., 2009

Diretor executivo: Edaury Cruz
Editora: Cristina Fernandes
Assistente editorial: Marcus Assunção
Coordenadora de produção: Adriane Gozzo
Assistente de produção: Juliana Campoi
Preparação de textos: Eliana Rocha
Revisão: Isabel Fernandes e Regina Barbosa
Editora de arte: Ana Dobón
Projeto gráfico e diagramação: Dany Editora Ltda.
Capa: Vivian Valli
Imagem de capa: Alfred Eisenstaedt/Getty Images

**Dados Internacionais de Catalogação na Publicação (CIP)
(Câmara Brasileira do Livro, SP, Brasil)**

Dickinson, Amy
 As poderosas rainhas : um romance sobre a solidariedade feminina / Amy Dickinson ; tradução Eliana Rocha. -- São Paulo : Ediouro, 2009.

 Título original: The mighty queens of Freeville.
 ISBN 978-85-00-02398-9

 1. Colunistas de aconselhamento - Estados Unidos - Autobiografia 2. Dickinson, Amy - Família 3. Mães divorciadas - Nova York (Estado) - Freeville - Biografia 4. Mães solteiras - Nova York (Estado) - Freeville - Biografia 5. Maternidade - Nova York (Estado) - Freeville 6. Mulheres - Nova York (Estado) - Freeville - Biografia I. Título.

08-11121   CDD-306.87432092

Índice para catálogo sistemático:

1. Mulheres : Relacionamentos intrafamiliares :
Autobiografia : Sociologia   306.87432092

Rua Nova Jerusalém, 345 – Bonsucesso
Rio de Janeiro – RJ – CEP 21042-235
Tel.: (21) 3882-8200 Fax: (21) 3882-8212 / 3882-8313
www.ediouro.com.br

Para minha família e para os
cidadãos de minha cidade natal
que engrandeceram minha vida.

Sumário

Introdução 11

1. Não jogue a aliança no rio. Como sobrevivi à separação 19
2. Chá para um. Maternidade: um salto sem rede . 34
3. Meu ex é um ponto no mapa. Separação em uma época que devia ser de união 50
4. Não é trabalho nenhum 68
5. Menino Jesus de amendoim. Encontrando Deus numa comunidade de fé e caçarolas 83
6. Animais na cozinha. As muitas utilidades dos gatos 97
7. Dando a volta por cima 118
8. Arrasando corações 134
9. O auge da "esquisitice". Esquisita, como eu 150
10. Um homem casadouro 161
11. Tudo passa 182
12. Voarei para longe 196

A experiência é, para mim, o melhor mestre.
— Carl Rogers, *psicólogo*

Beleza não põe mesa.
— Jane Dickinson, *minha mãe*

Introdução

Em um dia de dezembro, em meados dos anos 1980, olhei pela janela da casa de minha mãe e vi meu futuro marido subindo o caminho da entrada. Ele trazia na mão um jornal e usava um sobretudo preto, luvas de couro e um chapéu feito sob medida para o pai dele por uma chapeleira da Wanamaker & Company lá pelos anos 1950. Tinha saído de casa uma hora antes na esperança de encontrar um exemplar do *New York Times* na Park-it-Market, no vilarejo. Eu sabia que a prateleira de jornais de nossa pequena loja só exibia o jornal local, o *Ithaca Journal*, o guia de TV, *Guns and Ammo* e uma revista que eu nunca ousara abrir e que tinha o título ameaçador de *Varmint Masters*.*

Minha mãe parou ao meu lado. Observamos aquele homem que nunca pusera os pés fora de uma calçada escolher cuidadosamente um caminho em meio ao gelo e à neve que tinham acabado de ser limpos à nossa porta.

— Hummmmmm — ela murmurou. — Vê-se logo que ele não é do campo.

Era verdade. Ele nascera e crescera no Upper East Side de Manhattan, mas agora estava a cinco horas e um mundo de distância de sua cidade, numa terra de caminhonetes e fornos a lenha, e uma ou outra banheira jogada no gramado.

---

* Literalmente, *varmint* significa "verme" ou, em sentido figurado, "patife". A revista em questão é dedicada à caça de animais selvagens. O título *Guns and Ammo* pode ser traduzido por "armas e munições". (N. da T.)

Mais tarde, durante nossa visita, ele perguntou à minha mãe se podia ajudá-la em alguma coisa. Foi muito gentil. Sabia como se comportar. Não sei bem no que ele estava pensando, mas o mais provável é que aquilo fosse apenas um desses gestos vazios que os futuros genros costumam atirar no ar como confete, na esperança de que, soprado pelo vento, ele acabe sendo levado calmamente para longe.

Minha mãe olhou em volta e lhe disse que, se ele quisesse, podia podar uma árvore que estava crescendo no jardim.

Ele deslizou para dentro do sobretudo, calçou as luvas, colocou o chapéu na cabeça, deu uma olhada no espelho da entrada e, depois de um momento de reflexão, tirou o chapéu, mas resolveu acrescentar um cachecol. Corri ao celeiro para pegar o serrote. Abri caminho entre pás de neve, machados, ancinhos, enxadas e um monte de outras ferramentas agrícolas, sobras de nossa falida fazenda de leite, lancei um olhar para a carroça coberta de poeira, localizei o serrote atrás de um velho baú e, na maior excitação, levei-o para ele.

Dez minutos depois, ele voltou para casa, corado e triunfante como se tivesse passado a tarde rachando lenha e ferrando cavalos. — Adoro o campo! — exclamou. Lá fora, no jardim, a copa da pobre árvore jazia no chão, exatamente no lugar onde tombara. Ao lado dela resistia seu forte tronco — dez centímetros de diâmetro e um metro de altura. Metade da árvore continuava fincada na terra, como um mourão solitário à procura de uma cerca.

Ele disse que não quis se curvar.

Mais tarde, sem luvas e sem chapéu, e usando o moletom do tempo de escola para me proteger do vento cortante de inverno, saí de fininho para o jardim e serrei o tronco.

Na minha família, as mulheres estão acostumadas a pegar no pesado, enquanto os homens — bem, os homens são bons e gentis, e nos amam por algum tempo. Um belo dia, parece que eles se cansam de seu papel indefinido em nossa vida, adotam uma postura de resistência passiva e depois vão embora.

Sou de uma família de mulheres. A natureza fez a sua parte (minha mãe é a mais nova de quatro irmãs, e eu sou a mais nova de três), mas também contou muito para isso a maré de homens que entraram e saíram de nossa vida. No devido tempo, meu futuro marido se tornaria um ex, deixando-me — lógico — uma filha para criar. E foi essa filha, Emily, agora com dezoito anos, que um dia, olhando para aquela família de mulheres, disse que nós éramos "as poderosas rainhas de Freeville".

Nosso reino, a cidadezinha de Freeville, não tem muito o que mostrar. Situada na borda dos Apalaches, numa área rural deteriorada no norte do estado de Nova York, é uma vila com uma só parada de ônibus, uma igreja, uma agência do correio, uma escola elementar e um posto de gasolina. Há um pequeno restaurante chamado Toads, que parece abrir e fechar as portas ao ritmo das inundações que atormentam o riacho que corre atrás da vila. (O Toads e o rio Fall Creek parecem ultrapassar seus limites com a mesma regularidade.)

Minha família se estabeleceu em Freeville há mais de duzentos anos. Aramos e cultivamos a terra, criamos galinhas e vacas, construímos casas e celeiros, e galpões no quintal. E, o que é mais importante, minha família criou outras famílias, e é por isso que continuo chamando este lugar de lar. Minha mãe, três tias, duas primas, uma das minhas irmãs, três sobrinhas e um sobrinho moramos num raio de dez casas. Embora tenha vivido em Nova York, Londres, Washington e agora em Chicago, para mim todas as estradas levam à minha cidade natal.

Minha mãe e duas das minhas tias criaram os filhos sozinhas. Minhas duas irmãs, Rachel e Anne, também foram mãe e pai. Quando me casei, tentei com todas as forças reescrever essa triste história matrimonial da família, mas não consegui. Mais tarde, fiz o que fazia melhor — e o que passei toda a minha vida adulta fazendo.

Voltei para casa.

As mulheres me ensinaram o que é família. Elas me ajudaram a recolher os cacos quando minha vida degringolou, e nós os colamos e criamos algo novo. Elas comemoraram minha rápida recuperação, viram minha filha crescer e apoiaram minhas opções. Mostraram a Emily e a mim, em grandes e pequenos gestos, que nunca deixariam de nos amar, não importa o que acontecesse. Elas resistiram.

Cinco anos atrás, o *Chicago Tribune* anunciou que, depois de uma pesquisa de âmbito nacional, tinha me escolhido como "a próxima Ann Landers".* O jornal da minha cidade, o *Ithaca Journal*, publicou a notícia na primeira página. O *New York Times* e a *Newsweek* se perguntavam quem eu era e se seria capaz de assumir o lendário papel. Visitas ao programa *Today* e à CNN alimentaram as especulações. Até Bill O'Reilly entrou em cena, levando-me ao seu programa com a intenção de me interrogar sobre meus valores familiares.

Em uma cidade tão pequena que as pessoas ainda comentam aquela ocasião em que o dono do posto de gasolina,

---

* Ann Landers foi o pseudônimo de mais de uma jornalista que durante quase meio século assinaram uma coluna de aconselhamento em diversos jornais norte-americanos. (N. da T.)

Bob Whyte, dançou com Betty Grable em um programa da USO durante a Segunda Guerra Mundial, estar na primeira página do *Ithaca Journal* era suficiente para lançar uma pessoa na estratosfera de permanente celebridade local.

Agora, quando vou a Freeville e estou no correio ou no restaurante, meus concidadãos me cumprimentam e elogiam meu trabalho. Na igreja metodista de Freeville, os membros da congregação usam os temas da minha coluna nos seus "momentos de alegria e preocupação", quando são feitos os pedidos de oração e de bênção. Quando levo minha roupa para lavar na Bright Day Laundromat, Joan, a proprietária, faz comentários sobre minha coluna enquanto me estende a roupa de cama. No verão, quando pedalo minha bicicleta pela Main Street, os motoristas me dão passagem ou buzinam, acenam e gritam: — Bem-vinda ao lar!

Quando me encontram, as pessoas me fazem a mesma pergunta. Querem saber como sei o que sei. Querem saber de onde surgem minhas opiniões. Não sou psicóloga, nem terapeuta, e muito menos faço parte do clero. Nunca fui o tipo de pessoa que tem todas as respostas, embora saiba onde encontrá-las. Sempre pareci mais uma pessoa de pedir conselhos do que de dá-los.

Mas, em algum momento durante os últimos cinco anos, a gangorra mudou de lado. Minha caixa de e-mail hoje contém milhares de mensagens. Em minha mesa em Chicago, há uma pilha com as entregas do correio nos últimos dias. A montanha de envelopes abarrotados é assustadora. Vou abrir cada um deles — algum dia. Já escrevi mais de duas mil colunas e, em cinco anos neste trabalho, vi cada estação chegar e partir. Enchi uma cesta de perguntas de noivas e noivos ansiosos, fetichistas deprimidos e amantes afastados pela distância. Falei com crianças, velhas, mulheres na flor da idade ou na meia-idade, com o ninho vazio.

A correspondência transborda de segredos, de intimidades. Em troca desse respeito e dessa confiança em me revelarem sua vida íntima, meus leitores recebem toda a minha atenção, muita pesquisa e muita informação, e uma boa dose de calma ponderação. Esta é uma das razões que levam as pessoas a me escrever: elas precisam que alguém faça alguma coisa por elas. Precisam que alguém fique do seu lado, desça do pedestal e fale com elas de igual para igual. Querem que alguém as ouça e reconheça que a vida pode ser uma luta. Eu faço isso. Mas nem toda pesquisa e informação explica por que sei o que sei. Isso nos leva de volta à minha família e à minha cidadezinha, e ao fato de que eu — como a maioria das pessoas, na verdade — tive uma vida cheia de problemas.

Minha família foi marcada por muitas perdas. Meu irmão Charlie desapareceu de nossa vida, e fiquei dez anos sem vê-lo. Meu pai é uma lembrança distante. Abandonou a família e um estábulo cheio de animais em 1972 e, desde então, a não ser por ocasionais aparições, foi como se tivesse morrido. Eu e minhas irmãs tivemos maridos que simplesmente saíram de nossa vida. E tudo indica que não andamos de mãos dadas com o sucesso. Não temos dinheiro. Não subimos na vida. Não somos lindas ou magras por natureza. Não temos educação superior, objetivos profissionais de longo prazo ou planos de aposentadoria.

Quando se fala de "valores familiares", e quando políticos, líderes religiosos e guardiões da sociedade discorrem sobre como uma família deve ser, nunca estão falando de nós. Nós somos as "fracassadas", mergulhadas em uma segunda geração de divórcios. Somos mulheres descasadas que criam seus filhos. Somos mães que trabalham e têm que cuidar das crianças. E no entanto, quando penso nos verdadeiros valores familiares — não em sua versão idealizada, mas naqueles que famílias como a minha cultivam —, percebo que esta família imperfeita e complicada funciona muito bem. Se não é perfeita, é com certeza bastante boa e, evidentemente, muito útil — pelo menos para mim, que ganho a vida sondando os problemas alheios.

Então, quando as pessoas me perguntam como sei o que sei, ou como faço o que faço, tenho a resposta. Cheguei aqui com muito esforço, vivendo a vida e cometendo a minha cota de erros. Percorri um longo caminho de volta ao lar, pegando estradas secundárias, atravessando um casamento e um divórcio, e criando uma filha sozinha. Mas cheguei aqui apoiada pela família e influenciada pela comunidade da minha cidade, que aceitou minhas escolhas e me envolveu em seu espinhoso abraço.

As Poderosas Rainhas é a história da minha família e, especialmente, a minha história e de minha filha Emily, uma história que conta como nós nos criamos e educamos. Em quase duas décadas de maternidade, cometi erros. Minha filha me viu ganhar e perder empregos, e, sem perder o otimismo, me maquiou para mais um maldito encontro arranjado. Me apanhou soprando, escondida, a fumaça de um cigarro pela janela e me viu enxugar as lágrimas numa toalha de papel, sentada, derrotada, à mesa da cozinha. Mas também experimentou as múltiplas e complexas alegrias de pertencer a uma família como a nossa. E uma ensinou a outra a se divertir.

Em meus piores momentos, eu fantasiava escapar da maternidade — mas quando chegou o dia de dizer adeus a Emily, que saía de casa para a faculdade, entendi que, sendo sua mãe, eu me construí. Sou produto de minha educação, de uma vida assombrada pela súbita partida do pai durante a infância — mas também fui testemunha do surpreendente sucesso tardio de minha mãe. Vi minha mãe vencer, e minha filha também me viu vencer. Felizmente para nós duas, Emily e eu crescemos cercadas de mulheres que foram importantes para o nosso desenvolvimento.

Eu e minhas irmãs nos reunimos de vez em quando para vasculhar velhas caixas de fotos — algumas são daguerreótipos, fotografias impressas em vidro ou frágeis imagens em tom sépia num papel esfarelado —, entre as quais há algumas tiradas com a Brownie, a velha Kodak de minha mãe, datadas e assinadas com minúsculas letras pretas na margem chanfrada.

Há fotos de mulheres com vitorianas blusas engomadas, chapéus em forma de pássaros e botas amarradas com laços; mulheres de braços abertos como cata-ventos esquiando sobre o Fall Creek; mulheres recostadas em caminhonetes ou em Chevrolet Impalas, fumando ou com os braços sobre os ombros das amigas; plantando bananeira no gramado ou exibindo seus novos bebês, seus novos sapatos ou seus adorados gatos.

Essas são as mulheres do meu mundo — as poderosas rainhas de Freeville —, que levaram sua vidinha de imensas consequências na minúscula cidadezinha que chamamos de lar.

Um

Não jogue a aliança no rio

Como sobrevivi à separação

Um dia, olhei pela janela e vi duas *vans* estacionadas à nossa porta. Dentro de casa, duas equipes separavam nossos pertences de acordo com adesivos de cores diferentes.

Foi nesse momento que entendi que realmente estava divorciada.

É claro que, no dia em que meu marido apareceu para nossa sessão de terapia de casal arrastando uma maleta com qual acabara de chegar de uma viagem à Europa com a namorada, percebi que nosso casamento estava em crise.

Outras pistas se seguiram. Primeiro, ele me disse que não me amava mais e, mais tarde, que na verdade nunca me amara. Um dia, comentou que, depois de doze anos, percebera que éramos muito diferentes, que não esperávamos as mesmas coisas da vida. E, a propósito, embora ele gostasse de certas pessoas da minha família, não era de todas que ele gostava. E o golpe final: como meu pai nos abandonara sem a menor cerimônia havia muitos anos, não era possível que, lá no fundo, eu esperasse que isso voltasse a acontecer?

São essas atrocidades lançadas numa conversa que acabam com a gente. O que acontece é que, no divórcio, a gente costuma perder muito tempo repassando cada palavra dita. O fim e o início de um relacionamento têm isso em comum.

Quando me apaixonei, eu entrava na banheira e, enquanto me ensaboava, ia lembrando cada cena da noite anterior. O que ele disse. O que eu disse. As ruguinhas no canto dos seus olhos. Como eu o fiz rir. Será que ele disse mesmo "eu te amo" ou foi "estou apaixonado por você"? Quando estava apaixonada, decodificar as diferenças entre essas duas frases era um trabalho de tempo integral.

Quando meu casamento estava no fim, eu me sentava na banheira e soluçava baixinho para não acordar a nenê, me perguntando se a fumaça do cigarro passaria por baixo da porta e chegaria aos seus frágeis pulmões. Eu ia voltar a fumar, porque, já que ia me separar, bem que podia me transformar numa divorciada fumante e desleixada, uma divorciada à la Joan Crawford.

Na época, morávamos em Londres, que minha mãe costumava chamar de "Londres, Inglaterra". Passar pelo processo de divórcio pode ser bem pior quando você está vivendo em um país estrangeiro. Morar em Londres, com aquele encanamento velho e aqueles móveis capengas, foi o pior de tudo.

Quando entendi que o casamento estava no fim, eu queria duas coisas. Primeiro, queria que ele não terminasse. E, segundo, queria que os outros compartilhassem íntima e totalmente minha dor e percebessem a veracidade de meu sofrimento. Se existe alguma ruazinha perdida em algum canto de Londres onde esse comportamento seja possível e tolerado, ela deve ser uma versão de Diagon Alley, a rua dos romances de Harry Potter — frequentada por bruxas e magos e misteriosamente escondida dos olhos dos simples mortais.

Como a maioria dos americanos que ocupa cargos em diferentes cidades estrangeiras, meu marido viajava muito a trabalho. Eu morava em Londres por causa dele, mas, ao contrário dele, eu não tinha emprego. Quando me perguntavam o que eu fazia, o que raramente acontecia, eu dizia que era dona de casa. Mas eu não era bem uma dona de casa; era uma mulher que vivia quase o tempo todo sozinha num país estrangeiro e sem nenhuma razão aparente.

Moramos em um apartamento mobiliado alugado até que fiquei grávida e emocionalmente instável. Então compramos (ele comprou) um apartamento e móveis novos. E mais móveis. E quadros. E tapetes.

Comprar era o esporte favorito do meu marido. Ele frequentava lojas e galerias de arte como os outros homens que eu conhecia frequentavam campos de golfe. Nossa casa rapidamente se encheu de coisas compradas em feiras e bazares e galerias espalhados pelo mundo. Infelizmente, sua mala era mais usada do que nossa mesa de jantar, que um dia embelezara uma casa de campo na França.

Quando ele voltava de uma de suas muitas viagens, eu o pegava olhando para mim e para a nenê como se tentasse nos localizar no tempo e no espaço. Nós nos conhecíamos? Fora em Viena ou nos montes Urais? Será que tínhamos atravessado o canal da Mancha no mesmo aerobarco? Ele nunca se adaptou ao ritmo da nossa casa. Nunca lembrava que Emily tirava uma soneca de manhã ou que gostava de brincar no balanço do parque com as outras crianças.

As viagens e frequentes ausências se tornaram a razão evidente para o fim de nosso casamento, mas eu achava que meu marido não sabia viver em família. Ele crescera em uma família muito pequena, silenciosa e distante. Seus pais atravessaram um daqueles horríveis processos de divórcio nova-iorquinos quando ele era pequeno. Quando ainda estava na escola elementar, ele e o irmão mais velho foram obrigados a testemunhar no tribunal, cada um defendendo um dos pais.

Por ter sido criada em uma fazenda de leite e vivido na mais cruel pobreza, eu invejava seu refinamento material e seu charme de Walter Pidgeon,* do qual grande parte era natural e grande parte fora forjada em anos de internato. Apesar disso, eu tinha pena de sua vida familiar desastrosa. Ele tinha um irmão e apenas um primo. Ele, o irmão, os pais, o padrasto e a madrasta flutuavam em órbitas diferentes, que às vezes se cruzavam brevemente por ocasião das férias. No dia de Natal, o menino era levado de táxi da casa da mãe para o apartamento do pai, a apenas vinte quadras de distância. Desde que fiquei sabendo disso, imagino Nova York no dia de Natal cheia de táxis ocupados por crianças deprimidas cumprindo a sentença judicial que determinou os dias de visita.

Minha família é grande e barulhenta, e cheia de mulheres, o que não é normal. Minha mãe e suas três irmãs vivem em minha pequena cidade natal, junto com minhas duas irmãs, seus filhos e vários primos. Meu marido sempre dizia que gostava disso — do fato de eu ser parte de uma família capaz de povoar o mundo.

Embora o divórcio tenha atingido meu clã como se fosse um cromossomo dominante, não tive que passar por uma crise familiar, porque, um belo dia, meu pai simplesmente saiu de casa e nunca mais voltou. Nunca vi meus

---

* Walter Davis Pidgeon (1897-1984), ator americano que fez mais de quarenta filmes, começando no cinema mudo e passando ao falado, onde fez sucesso em vários musicais. Seu filme mais importante é *Como era verde o meu vale*, de 1941, dirigido por John Ford. (N. da T.)

pais brigarem — nem antes, nem durante, nem depois da separação. A vantagem do abandono é que ele reduz a discórdia matrimonial. Para brigar com meu pai, minha mãe precisava saber onde ele estava.

Depois que meu pai partiu, minha mãe passou quase um ano dizendo aos quatro filhos adolescentes que tudo ia ficar bem, mas a verdade é que a gente foi perdendo um pouco por vez, até não restar nada. Embora tenha partido em sua caminhonete carregando só as roupas enfiadas em uma sacola de papel, meu pai conseguiu levar tudo com ele. No fim, ficou claro que sua vida — assim como nossa pequena fazenda de leite — estava totalmente empenhada. Minha mãe conseguiu salvar nossa casa, mas tudo o mais nós perdemos, a princípio num golpe só e depois gota a gota, numa tortura chinesa de dívidas. Até nosso pequeno rebanho voltou a seu antigo dono.

Pode parecer fora de moda a ideia de manter a dignidade na adversidade, mas vi minha mãe fazer isso. Pondo em prática sua única habilidade profissional, ela conseguiu um emprego como datilógrafa em um escritório. Estava com quarenta e dois anos e, durante vinte e dois, fora esposa e mãe em tempo integral. À noite, quando chegava do trabalho, deitava-se na cama sem tirar o casaco, segurando a bolsa sobre a barriga.

— Só preciso de vinte minutos — dizia. Passado esse tempo, obrigava-se a levantar, ia para a cozinha e começava a fazer o jantar. Depois de anos preparando refeições com produtos frescos colhidos na fazenda, pães e conservas caseiras — sempre acompanhadas de uma sobremesa —, agora ela tinha que se contentar com salsichas de pacote e batatas fritas.

Meu pai não tinha praticamente nenhum interesse nos filhos, e por isso não houve discussões sobre a guarda.

Minha mãe jamais o processou para receber qualquer ajuda financeira — e ele nunca a ofereceu.

Ela simplesmente sobreviveu. Subestima-se muito essa capacidade. As pessoas acham que, se não vencerem, são fracassadas. Mas muitas vezes o que importa é sobreviver. Minha mãe sabia disso, e aprendi com ela.

Antes de me deixar, meu marido passou uma semana irritado. Ele sempre fora muito gentil comigo, e fiz de tudo para que ele voltasse a me tratar bem. Mas quando ele resolveu discutir comigo sobre Benazir Bhutto — que no fim dos anos 1980 fora eleita primeira-ministra do Paquistão — percebi que tínhamos virado a esquina e perambulávamos no volátil Oriente Médio de nosso casamento. Reconheço que recorrer ao Paquistão para encontrar um denominador comum no relacionamento é um sinal de que ele está perto do fim. O Departamento de Estado precisava ser convocado. Diplomatas deviam se envolver na questão. Percebi que meu marido reunia tropas ao longo da fronteira. Seria só uma questão de tempo até que um homem da infantaria puxasse o gatilho e disparasse o primeiro tiro que deflagraria a guerra.

Apesar do meu esforço, naquela semana antes de me deixar, meu marido viveu num estado de hibernação. Ia para a cama cedo e dormia até meio-dia, todos os dias. Emily estava numa fase de acordar às cinco da manhã, e eu acordava com ela, tomava duas canecas de café, brincava com ela no quarto, punha-a na cama para tirar uma soneca, esperava que ela acordasse, saía com ela para um passeio, voltava e ficava vagando sem rumo, contemplando nosso apartamento decorado com bom gosto, até que, finalmente, ele saía do quarto.

No dia em que ele disse que ia embora, eram duas da tarde e ele tinha acabado de sair do chuveiro. Eu estava furiosa. Disse-lhe que eu tinha vivido uma vida inteira enquanto ele dormia, tomava banho e se embonecava todo. E que estava preocupada com ele, que parecia deprimido. (Para ser honesta, ele estava ótimo. Nos últimos tempos, tinha emagrecido e estava se exercitando em uma academia na Fulham Road.)

Ele suspirou.

Então, disse que ia embora. A princípio, pensei que ele estava dizendo que ia viajar. Só depois percebi que ele estava saindo de casa.

Depois de um dia e uma noite de choro entrecortado por soluços, liguei para Betsy — a única amiga que eu tinha em Londres — e lhe contei que meu marido estava me deixando. Ela não acreditou. É horrível ter que convencer alguém de que uma das piores coisas que podiam acontecer está acontecendo. As pessoas que nos querem bem não conseguem acreditar nas más notícias que nos atingem. De uma hora para outra, Betsy passou a odiar meu marido, que ela sempre admirara, e a xingá-lo dos piores nomes, coisa que eu não podia fazer.

Aprendi bem cedo, durante meu processo de separação, que não podia dizer palavrões sobre meu marido. Um dia, eu o amava profundamente. No dia seguinte, quando acordei, ainda o amava profundamente, até que lembrei que ele tinha me deixado. Então, não sabia o que pensar nem o que sentir. Eu só queria continuar casada. O casamento era um pressuposto da minha vida que eu não podia simplesmente desfazer. Apesar de uma curta carreira de jornalista, o casamento e a maternidade eram tarefas que eu esperava realizar com sucesso. Eram o objetivo de uma vida toda.

Eu queria que meu marido fosse embora logo, para que pudesse se arrepender depressa e voltar logo para casa, porque aí eu podia perdoá-lo. Então continuaríamos casados e nos transformaríamos naquele casal de velhinhos cheios de sabedoria, que, depois de atravessar tempos difíceis, veem seu relacionamento se fortalecer ainda mais — o tipo de casal que a revista *Redbook* costuma retratar.

Eu me imaginava como alguém que primeiro chuta e só depois pergunta, mas uma das muitas lições que meu divórcio me ensinou foi que eu estava mais disposta a perdoar do que imaginava — desde que o perdão fosse o caminho para obter o que eu queria. Achava que, se o perdoasse por ter me abandonado, ele não me abandonaria mais. Então faríamos as pazes, voltaríamos para os Estados Unidos e compraríamos um lugarzinho em Cape Cod, porque tínhamos escapado ao desastre e aprendido a lição.

Mas o que aconteceu foi que ele se mudou para um hotel perto do escritório — qual, ele não me disse. Ficaria em contato e, se eu precisasse, poderia encontrá-lo no trabalho. Parecia estar com medo de mim. Não sei do que ele tinha medo, porque, se eu quisesse segui-lo, teria que levar um bebê, um carrinho, um pacote de fraldas, uma mamadeira, alguma coisa para comer e, naturalmente, aqueles livros de cartolina que ela gostava de ficar olhando sempre que íamos a algum lugar.

Eu chorava dezoito horas por dia, e só parava para dormir e para sorrir para os simpáticos comerciantes indianos que moravam no bairro e que sempre eram gentis comigo e com Emily. Quando não estava chorando, eu me enfiava na banheira de espuma e ficava ruminando minha tristeza.

Quando a mãe dele ligou, perguntando por ele, percebi que meu marido não tinha contado a ninguém da família sobre a separação, e que provavelmente esperava que eu fizesse isso. Menti e peguei o recado.

Betsy veio nos visitar e pegou Emily no colo.

— Existe alguém? — ela perguntou.

— Não é possível — respondi.

Mas ela tinha me colocado uma "pulga atrás da orelha", e comecei a pensar no assunto.

Consegui alguém para tomar conta de Emily e resolvi ir até o escritório. Cumprimentei a recepcionista e entrei. O prédio estava em reforma e havia materiais de construção por todo lado. Parei diante da porta aberta. Ele estava ao telefone. Olhou para mim daquele jeito ausente de quem está envolvido em outra coisa e, enquanto continuava falando, levantou da mesa e, calma e lentamente, fechou a porta na minha cara.

Sentei-me num banco e esperei. Alguém me perguntou se eu queria um café.

Eu não queria.

Depois de vinte minutos, a porta do escritório se abriu e ele me fez um gesto para entrar.

Escolhi uma manobra arriscada, um blefe que eu vira uma vez no seriado *Columbo*.

— Descobri sobre ela — menti. — Você vem mentindo pra mim há muito tempo. Chegou a hora de dizer a verdade. Vai ser muito melhor.

Ele disse.

— Você é um idiota — eu disse. E fui para casa.

Alimentei fantasias sobre a outra. Ela devia ser mais nova que nós dois, o que transformava nossa família em um chavão. Eu sonhava contratar alguém que pegasse um carro e a atropelasse enquanto eu observaria a cena de um café do outro lado da rua.

Queria humilhá-la, ligar para os pais dela e contar o que a filha havia feito da sua vida mal saíra da universidade. E faria o telefonema com a nenê chorando ao fundo. Ensaiei a cena obsessivamente na minha cabeça, mas, como Emily era muito quieta, provavelmente teria que lhe dar um beliscão para que ela cooperasse e abrisse o choro no momento exato.

Peguei Emily e um avião para a casa da minha mãe. Chorei um pouco mais durante o voo. Sabia que teria que contar para minha mãe o que tinha acontecido. Ela confiava no meu casamento tanto quanto eu. Acho que acreditava na possibilidade de que um bom casamento anulasse o carma da família.

— Ah, querida — ela disse. — Estou tão surpresa, minha querida.

Estávamos sentadas na varanda, e ela me acariciava como se eu fosse um gato.

À noite, fiquei deitada na cama, no quarto dos fundos da casa da minha mãe, ao lado de minha irmã, olhando a paisagem que antes fora a nossa fazenda e ouvindo o coaxar dos sapos no rio. Lembrei que, depois que meu pai foi embora, minha mãe pegava uma xícara de café e se sentava nos degraus da varanda, fumando e ouvindo o coaxar dos sapos, com o Three Dog Night cantando *Out in the country* sem parar no estéreo.

Quinze anos depois do divórcio, porém, minha mãe tomara as rédeas de sua vida. Depois que os filhos saíram de casa, voltou a estudar e se formou. Encontrou um emprego de professora e pagou todas as dívidas que meu pai deixara para trás.

Meu pai estava no quinto casamento e tinha morado, por um curto período, numa *van*.

Pela primeira vez na minha vida adulta, comecei a pensar que tipo de pessoa eu realmente queria ser. Percebi que o divórcio podia me transformar em uma mulher vingativa em perene sofrimento. Mas eu queria ser honesta. Queria me sentir bem comigo, porque todo o resto ia tão mal! Queria fazer o que era certo.

Deixei minha mãe e voltei a Londres.

Meu primo Roger me ligou. Disse que acabara de saber do que me acontecera e estava disposto a pegar um avião para Londres e dar um soco no nariz do meu marido. Ele era um dos poucos homens da família, e apreciei sua demonstração fraternal de solidariedade. Até hoje, é uma das coisas mais bonitas que alguém quis fazer por mim. Agradeci e lhe disse que, se as coisas chegassem a esse ponto, eu mesma socaria meu marido e lhe diria: "Foi o Roger que mandou".

O choque foi passando e entrei em depressão, entremeada por períodos de alta ansiedade, enquanto tentava imaginar o que seria de nós. Meu marido fez algumas tímidas tentativas de voltar para casa. Como se sentia mal, aparecia com um buquê de flores do supermercado. Sentava-se na sala e ficava me observando enquanto eu chorava. Então, voltava ao seu hotel.

Achando que poderia ter uma nova chance com ele, sugeri que passássemos algum tempo juntos. Pedimos a Betsy para cuidar de Emily por alguns dias e fomos para a Itália, uma viagem que vivíamos adiando.

Era tarde demais. Decidimos nos separar em Roma, e novamente em Capri. Nossos rompimentos estavam se tornando um drama deprimente, com paisagens espetaculares como cenário. Como sempre, não brigávamos. Apenas nos revezávamos na desistência. Ele estava irritado e, presumi, pensando na namorada, de quem descobri o endereço e o telefone em sua agenda. Rasguei a página, amassei-a e a atirei pela janela.

Eu suspeitava de que nosso casamento estava acabado, mas não confiava na minha percepção. Queria uma testemunha. Procurei uma terapeuta matrimonial. Meu marido ficou de me encontrar no consultório da terapeuta, e, assim que o vi, ficou claro que ele não perdera o sono, nem passara a noite andando de um lado para outro e fumando um cigarro atrás do outro para acalmar os nervos — como eu. Tinha acabado de chegar de viagem e parecia — por assim dizer — feliz.

Como todas as terapeutas do cinema, a nossa usava um vestido solto e umas bijuterias grandes e vistosas. Meu marido começou dizendo à terapeuta que nosso casamento estava desgastado. Que se sentia preso numa armadilha. Usou a palavra "chato". Foi então que percebi que a terapia podia não caminhar como eu esperava. Eu queria ser compreendida, que minha raiva e minha dor fossem aceitas. Queria ver reconhecida minha condição de vítima sofredora. E queria um pedido de desculpas.

Naquela sala, vi que eu ia expor meu sofrimento, enquanto ele ia expor meus defeitos e sua profunda insatisfação comigo. Sabia que não ia ter meu marido de volta, mas esperava que nós dois pudéssemos sair dali conhecendo as causas mais profundas da desintegração de nosso casamento. Tínhamos uma filha para criar e, para fazer isso, eu não estava disposta a um sofrimento sem limites.

Lembrei uma história que minha mãe me contou. Meu pai a deixara sem nada, mas, quando ela soube que ele tinha hipotecado a fazenda, descobriu que era possível ficar com menos que nada. Nesse dia, ela parou à beira do Fall Creek, que percorre em curvas suaves a terra onde antes cresciam nossas plantações e nossas vacas pastavam. Tirou do dedo o anel de noivado — uma bela joia que meu pai comprara em 1950 — e levantou a mão para atirá-lo no rio.

Ela sempre ria quando contava essa história, ressaltando o absurdo desse gesto vazio, quando, no fim, teria ainda menos que nada. A única diferença seria que aquele lindo anel ficaria para sempre no fundo do rio.

"Salve-se", eu pensei.

Voltei-me para meu marido.

— Você está livre — eu disse.

— Hein? — ele disse. Nós nunca tínhamos conversado daquele jeito.

— Você está livre. Acabou.

Achei que ele ia sair correndo para ligar para a namorada. Mas ele pegou um bloco de anotações e começamos a dividir nossos bens em duas colunas: "eu" e "você". Percebi que não me importava com nada, e por isso ele ficou com a mesa de jantar francesa.

Eu disse que ficaria com as cadeiras.

Procuramos um mediador e mantivemos os advogados fora do caso. Aprendemos a conversar como contadores imparciais, o que foi ótimo, porque tínhamos coisas a negociar. Ele não queria que nossa filha fosse arrastada de um lado para outro como acontecera com ele na época de Natal, e por isso não insistiu em ficar com ela nos feriados. Como queria que Emily tivesse um pai presente, o que eu não tivera, disse a ele que o ajudaria a ser um pai para ela — não nos meus termos, mas nos dele.

Percebemos que tínhamos aprendido muito com o divórcio de nossos pais, e, já que não pudemos mudar a história e ter um casamento feliz, pelo menos podíamos ter uma boa separação.

Decidi perdoá-lo, mas era cedo demais, e eu não sabia se estava preparada para isso. Resolvi perdoá-lo assim mesmo. Mas o perdão não funcionava como eu pensava. Primeiro, não era um impulso natural, e, apesar de uma vida inteira como metodista, presbiteriana e episcopaliana praticante, o perdão não era a experiência espiritual que tinham me ensinado. O perdão, descobri, era uma escolha que eu precisava fazer, não para tê-lo de volta, mas para deixá-lo ir. Se isso significou alguma coisa para meu marido ou mesmo se ele o percebeu, não sei. Isso não era importante.

No dia que as *vans* da mudança chegaram, nossa pequena família estava reunida, observando em silêncio nossos pertences serem transportados pelos carregadores. Imagino que esses profissionais são testemunhas de toda a alegria e ansiedade que as pessoas sentem quando se mudam de um lugar para outro. Nossa equipe de mudança trabalhava em silêncio. Deslizava para dentro e para fora da casa rapidamente. Se algum dia eu me importara com coisas materiais, prometi a mim mesma nunca mais fazer isso. Pouco me importaria se o contêiner com nossos pertences caísse do navio que o transportava para o outro lado do Atlântico.

Quis o destino que as *vans* tivessem estacionado apontando para direções opostas da rua. Eu ia levar Emily para os Estados Unidos. Viveríamos no quarto da minha irmã até eu decidir o que fazer. Meu marido estava mudando para a Rússia, e disse que veria a filha quando pudesse. Embora eu me perguntasse quando isso seria possível — diante da distância, de seus horários e seu medo de topar com o punho de meu primo Roger —, tentei acreditar nele.

No voo para os Estados Unidos, o avião atravessou uma área de forte turbulência. Os comissários de bordo trancaram a cabine, ocuparam seus assentos e afivelaram os cintos de segurança. Eu estava apavorada. Sempre tive pavor de avião. Ao menor sinal de problema, entrava num estado de forte ansiedade, pingando de suor e com medo de morrer ou, pior, de fazer xixi nas calças. O avião começou a balançar e a inclinar.

Apertei meu cinto e passei a mão sobre a barriga de Emily para me certificar de que o dela estava confortavelmente preso. Olhei para os outros passageiros. Pareciam o elenco de um filme de catástrofe — executivos, um coro de crianças voltando de um concurso na Escócia e uma freira de hábito — e nem se davam conta de que tinham sido escalados para participar do meu desastre. Pareciam calmos. Naturalmente, pensei. Eles não sabem pelo que estou passando. Não sabem que não consegui fazer meu marido me amar e que estou voltando para minha desagradável cidadezinha para tentar construir uma vida nova.

Ninguém — nenhuma dessas pessoas — sabe como fazer o amor durar.

Emily puxou minha manga.

Meu Deus! Sou uma mãe *sozinha*!

— Uiiiiiiii, mamãe. — Ela olhou para mim com as sobrancelhas levantadas e um grande sorriso de expectativa. — Montanha-russa!

Meu Deus! Ela era exatamente como o pai. Eu ri.

— É, filha. Montanha-russa.

Dois

Chá para um

Maternidade: um salto sem rede

Era março em Freeville.

Minha pequena cidade natal fora atingida pelas rudes tempestades de inverno e agora as chuvas — frias e persistentes — terminavam o trabalho. As árvores ao longo da Main Street pareciam esqueletos de ferro, e, sem a folhagem e a camada de neve a camuflá-las, as casas de madeira tinham uma aparência gasta e decadente.

Minha irmã Rachel tirou os brinquedos da filha Railey do meio do caminho e nos ofereceu o quarto dos fundos do minúsculo bangalô de dois quartos que tinha comprado no ano anterior.

Emily e eu nos mudamos. Eu não tinha para onde ir e nenhum plano, a não ser uma vaga ideia de que teria que esperar a sorte mudar.

Mais importante que a perda de meus bens, porém, era que meu futuro tinha mudado de forma. A geometria não descrevia mais nossa família. Antes, éramos um triângulo: mãe, pai e filha. Agora, Emily e eu éramos dois pontos ligados por um fio. Antes, formávamos um grupo — marido, mulher e filha. Agora só havia um par. Antes, nossa vida seguia uma trajetória para a frente. Agora eu era arrastada de volta ao meu passado.

Nossos primeiros dias em Freeville foram marcados por montes de xícaras de café e muito papel higiênico. Lenços de papel não eram suficientes, e, vendo que meu choro crônico parecia incurável, Rachel me entregou um rolo inteiro de papel higiênico, que gastei até só sobrar o rolo de cartão.

Eu e Rachel tínhamos que falar em código, porque Railey era precoce e bisbilhoteira. Não queríamos que a classe toda da pré-escola ficasse conhecendo os detalhes do meu casamento fracassado. Por isso, muitas das nossas conversas eram cifradas.

— Quero ligar para ele.

— Não ligue.

— Tudo bem, mas amanhã vou ligar.

— Pelo menos não ligue hoje.

— Pra te falar a verdade, já liguei, mas ele não atendeu.

— Meu bom Deus! Então não ligue amanhã. Será que não posso te deixar sozinha nem um minuto?

— Por favor, não faça isso.

Meus parentes se espalhavam por Freeville como ramos de árvores depois de uma tempestade. A população da vila, de 458 pessoas, se estagnara desde a década de 1930 — e minha própria família crescera apenas o suficiente para preencher os vazios deixados pela morte e pela desistência, quando alguns, cansados dos longos invernos, que duravam de outubro a abril, resolviam se mudar para a Flórida. Naquela época, duas irmãs, quatro primos, três tias e minha mãe viviam a curta distância da casa de Rachel. Meu primo Jan, eu, Rachel e Anne, minha outra irmã, tivemos filhos um depois do outro, que agora formavam uma escadinha que ia dos dois aos seis anos.

A família foi aparecendo aos poucos. Era como na cena de *O mágico de Oz* em que Glinda, a bruxa boa, pede aos envergonhados homenzinhos *munchkins* que apareçam para conhecer Dorothy. "Saiam, saiam, onde quer que vocês estejam", ela chama. E assim meus parentes começaram a sair de casa, a princípio hesitantes — porque ninguém sabia o que dizer — e depois ganhando coragem, porque percebiam que isso não importava: eu não estava preparada para ouvir o que eles tinham a dizer. Eu só queria um canto macio onde pudesse me atirar.

Naquele março úmido, Emily brincava com os primos na minúscula sala de estar de minha irmã. Além de uma menina da idade dela, filha de uma amiga em Londres, ela nunca brincara com outras crianças. Mas eles gostavam de brincar de luta livre, e eu e minha mãe (duas molengas) nos contraíamos cada vez que eles a derrubavam.

— Bom, talvez isso a deixe mais forte — disse mamãe, querendo ajudar, depois que Nathan, de quatro anos, passou por cima dela com seu triciclo. (Nathan ameaçava a vila com seu triciclo como se fosse um adolescente em um Camaro.)

— O que não mata fortalece, é isso? — respondi, enquanto pegava minha filha no colo para confortá-la. Não via sentido nessa maneira de pensar e, naturalmente, conjeturava se devia aplicar essa teoria a mim mesma. O problema era um só: eu não conseguia imaginar por que uma pessoa tinha que ser durona, afinal de contas.

Como não tinha ideias nem projetos, eu me comportava como a dona de casa que eu fora quando era casada. Cuidava de Emily, limpava a casa enquanto minha irmã estava no trabalho, passeava com o cachorro e brincava com Railey quando ela voltava da escola. Todos os dias, eu e Emily caminhávamos até a agência do correio na Main Street e parávamos na mercearia para comprar alguma coisa. À noite, visitávamos minha mãe.

Mamãe morava em uma casinha adorável na Mill Street, com móveis confortáveis e cheia de objetos familiares que haviam pertencido a várias gerações do nosso clã. Entre seus bens, havia os brinquedos com os quais meu avô brincara durante sua infância em Freeville quase um século atrás, inclusive uma charrete de lata onde Emily acomodava suas bonecas e arrastava pelo chão da cozinha. O retrato de um sisudo antepassado ameaçava as visitas na sala de estar.

Eu me sentava com minha mãe à mesa da cozinha, tomando café e observando Emily entretida em sua brincadeira, que, nesta nossa era do plástico, parecia de uma outra época. Mamãe tinha comprado um alfabeto de blocos de madeira para Emily, e notei que as letras que ela colocara sobre o peitoril da janela formavam as palavras:

C-H-Á P-A-R-A U-M

— Então, o que você está pensando fazer? — ela perguntou uma noite.

— Fazer? Você quer dizer amanhã? Acho que vou levar Emily à Fazenda Marquis para ver como eles fazem o xarope de bordo.

— Não, estou perguntando o que você vai fazer depois?

— Depois? Não sei.

Eu ainda não tinha um "depois".

Uma vez por semana, minha família se reunia para o café da manhã no Toads, na extremidade da cidade. Meus parentes tinham o costume de se visitar — embora se vissem quase todos os dias, sentiam a necessidade de marcar a semana com uma reunião.

No Toads, acomodávamos as crianças pequenas em cadeiras altas ao redor da mesa e conversávamos, três gerações reunidas, até que o café esfriasse e não restasse nenhuma panqueca. Ali, ao lado de minha mãe, três tias, primos, irmãs e nossos filhos, comecei a lembrar quem eu era antes que a avalanche se abatesse sobre mim.

As mulheres da minha família tinham muito o que dizer. Minha mãe e minhas três tias, Lena, Millie e Jean, podiam falar horas sobre nada em especial, um assunto que podia remontar a 1929. Para reproduzir com fidelidade uma conversa das quatro seria necessária uma equipe de linguistas, que coletariam dados suficientes para alimentar um supercomputador.

As categorias conversacionais incluíam:

- *Trivialidades sobre os antepassados*
- *A política e você*
- *Geleias e conservas*
- *Filmes, livros e cultura popular*
- *Umidade*
- *Lei e Ordem (a série de TV)*
- *Animais domésticos: vivos e mortos*
- *Remoção da neve*
- *O frio e o gelo*
- *Prole*
- *Cortinas*

O único assunto que não as deixava à vontade era a vida dos outros. Ao menor sinal de fofoca, o silêncio caía sobre elas. Também não gostavam de falar de si mesmas, mas não sentiam o menor constrangimento em falar de você para você, nem de fazer perguntas sobre sua vida. Era provavelmente por isso que sempre me senti fascinada por elas. Era uma espécie de feitiço.

De todas elas, só minha tia Lena conseguira permanecer casada, mas dificilmente pontificava sobre o assunto.

O longo casamento de tia Lena e tio Harvey era visto como uma espécie de falha, que impedira o clã de chegar ao recorde de mulheres sozinhas. Minha mãe e minhas tias Millie e Jean tinham criado os filhos sem marido. Estar com elas me lembrava de que isso era possível.

Eu não acreditava ser capaz de me sentir bem qualquer que fosse o lugar, mas mesmo assim pensei em me instalar para sempre na minha cidade natal. Pelo menos, sabia que tipo de vida esperar. Gerações de minha família tinham nascido, envelhecido e morrido em Freeville.

Numa cidade pequena, todo mundo sabe onde os mortos estão enterrados. As lápides de nosso cemitério exibem os nomes de todas as famílias da cidade, e eu conhecia os mais íntimos detalhes da história familiar de muitos deles. Naturalmente, a desvantagem de conhecer a vida dos vizinhos é que eles também conhecem a nossa.

Quando, de um dia para outro, meu pai abandonou a família para fugir com uma garçonete de posto de estrada, seu comportamento causou tal escândalo que eu quase podia apalpar os murmúrios que nos cercavam. Os comentários eram como uma nevasca — caía por toda parte e era impossível tirá-la do caminho. Depois que meu pai partiu, nossa pequena fazenda entrou em agonia, até que um dia todos os equipamentos — inclusive o feno que restara amontoado no celeiro — foram vendidos em leilão e adquiridos por muitos dos nossos vizinhos. Eu estava com doze anos e sofri ao ver tanta gente testemunhando o pior dia da minha infância.

Sou de uma época em que as pessoas se referiam a uma família de pais divorciados como um "lar destruído". Como o divórcio de meus pais e a destruição de minha família eram um constrangimento do qual eu não me sentia capaz de me livrar, durante a adolescência tratei de escondê-lo por trás de conquistas, diplomas e prêmios. Cantei. Dancei. Dei voltas e voltas ao redor dos mais diferentes campos de esporte, perseguindo bolas de todas as formas e tamanhos. Entrei em campanhas e participei de comitês de decoração. Estava sempre ocupada em me manter ocupada.

Agora, treze anos depois de minha volta triunfal pelo campo de futebol como princesa da turma de 1977 da escola secundária de Dryden, estava voltando para casa, e minha vida tinha desacelerado tanto que na verdade parecia andar para trás.

Nunca cheguei a dormir em uma cama de adulto.

Um dia, peguei o carro de minha mãe emprestado e fui até o banco em Dryden, a cinco quilômetros de distância. O acordo de divórcio tinha chegado de Londres pelo correio e eu precisava registrá-lo no cartório. (Se a primeira etapa do processo de divórcio é a parte emocional — choro, separação e mais choro —, a segunda etapa envolve vergonha e papelada.)

Uma chuva fria dissolvia a poeira e os montes de neve que ladeavam as estradas. Soltei Emily da cadeirinha emprestada e a enfiei — junto com os documentos que me davam a plena e total guarda de minha filha — sob meu casaco. Corri para o banco.

A agência tinha sido reformada em 1967 e era uma joia revestida de pedra e acarpetada de parede a parede na cor laranja. Quatro das seis caixas se chamavam Tammy. As Tammies aguardavam, eretas, em seus postos. Ostentavam o penteado de cachorrinho *poodle* muito usado na época pelas rainhas de beleza do interior e cantoras *country*. Muitas delas eram irmãs mais novas de minhas colegas de escola.

Fui direto para os fundos do prédio, onde ficava o cartório. Carla estudara com Rachel, e seus pais tinham crescido com os meus. Eu a admirava tanto quanto admirava minha irmã, embora no caso de Carla essa admiração se devesse apenas ao fato de ela ter se destacado na equipe de natação da escola.

Carla examinou meus documentos e depois olhou para mim e para Emily. — Então você está voltando para casa? — perguntou, enquanto tirava um selo de sua caixa de veludo.

Não pretendia dizer nada com aquela frase. Estava apenas puxando conversa.

De volta para casa, assim que parei de chorar, estacionei o carro no acostamento. Emily tinha pegado no sono em sua cadeirinha. Ajustei o retrovisor para observá-la, com a cabecinha inclinada em um ângulo impossível. Eu me perguntei como é que os bebês conseguiam dormir naquela posição e nunca pareciam ter dor de cabeça. Desliguei os limpadores de para-brisa e deixei a chuva deslizar pelo vidro. Fechei os olhos.

Se eu ficasse em Freeville, teria que me deparar pelo resto da vida com pessoas que sabiam demais sobre mim. Seria para sempre a ex-líder de torcida e a ex-futura-candidata ao sucesso, membro da segunda geração de um "lar destruído".

Percebi que minha vida parecia um filme da Sessão da Tarde. Mas tinha horror de oferecer o enredo para um drama sobre um corajoso relacionamento entre mãe e filha ("Hoje, na Sessão da Tarde, *Nunca sem minha filha*"*). Nem queria viver com medo de me deparar com uma das Tammies.

---

* No original *Not without my daughter*, filme de 1991 baseado em fatos reais. Estrelado por Sally Field, conta a história de uma norte-americana que teve que fugir do Irã com a filha para escapar ao domínio do marido. (N. da T.)

Queria escrever o capítulo seguinte da minha história. Então, pela primeira vez em muito tempo, tomei uma decisão de verdade. Decidi me mudar para o último lugar onde vivera por minha conta — antes do casamento, da maternidade e do divórcio.

Eu fizera a universidade em Washington, D.C. e trabalhara na cidade durante três anos depois da formatura. Como ainda tinha amigos lá, provavelmente não teria dificuldade em encontrar emprego.

Naquela noite perguntei a opinião de Rachel.

— Tudo bem — ela disse. — Parece sensato.

Levei um mês para encontrar um lugar onde morar. E mais um mês para dizer adeus.

Em maio, a primavera finalmente chegou a Freeville e as árvores se tingiram de folhas cor de esmeralda. Os narcisos floresciam nas margens do Fall Creek. Dave, nosso vizinho, tirou a camisa — ele tirava a camisa no primeiro dia quente do ano e só voltava a vesti-la em outubro. Em Freeville, o peito nu de Dave trabalhando no jardim é o primeiro sinal da primavera.

— Hoje eu vi o Dave sem camisa — disse minha mãe. — Acho que já está na hora de plantar os vasos e tirar as bicicletas do celeiro.

Rachel me ajudou a acomodar em um carro alugado a bagagem que eu tinha trazido de Londres. Antes de sair da cidade, Emily e eu paramos na casa de minha mãe. Enquanto ela nos abraçava, eu lhe disse:

— Adoro quando as árvores começam a brotar.

— E agora você está brotando também — ela respondeu. E depois: — Te encontro daqui a dez minutos no Toads?

Claro.

A família toda estava lá, reunida ao redor da mesa habitual. Disse a eles que voltaria com frequência. Afinal, eram apenas sete horas de viagem.

Rachel nos levou ao nosso pequeno apartamento em Washington. Era um dia quente do início de um verão que seria sufocante. Ela passeou o olhar pelo apartamento, apontou todas as suas qualidades e, pouco antes de partir, declarou que nossa vida estava pronta para recomeçar.

Eu não tinha tanta certeza.

Emily estava com dois anos, eu, com trinta e dois, e sentia que minha vida estava tão suja e desgastada quanto a mobília que fazia o apartamento parecer ainda menor. Decidi vasculhar umas caixas que me acompanharam para Nova York e para Londres, mas que não eram abertas desde que empacotei minhas coisas quando terminei a faculdade. Puxei meu velho telefone de disco. A campainha, antes estridente, estava fraca, mas ainda funcionava. Encontrei minha antiga secretária eletrônica, que eu tinha embalado logo depois da lua-de-mel — antes de nossa mudança para a Inglaterra. Acionei a tecla para ouvir as mensagens gravadas cinco anos antes. Sentada no chão, cercada por caixas, ouvi uma série de mensagens de congratulações pelo casamento, votos de uma feliz viagem de lua-de-mel.

Arrumei o quarto de Emily na saleta de tevê. Quatro andares acima do solo, tinha uma parede envidraçada que dava para uma ravina arborizada que corria atrás do nosso prédio. O verde das folhas fazia a gente se sentir em uma casa na árvore. Entramos numa rotina. Amigas da faculdade que tinham permanecido em Washington apareciam de vez em quando. Uma delas, que tinha um filho da idade de Emily, me indicou uma piscina que podíamos frequentar mediante o pagamento de uma pequena taxa.

Durante todo aquele verão quente e úmido, a piscina foi nosso ponto obrigatório. De manhã, antes que o sol ficasse muito quente, punha um lanche e um livro na sacola e saía para lá. Emily se divertia com as outras crianças na pequena piscina redonda, enquanto eu e as outras mães nos sentávamos em volta, lado a lado, balançando as pernas na água cálida.

Eu estava procurando uma maneira de reentrar no mundo. Como pensar sobre minha experiência me esgotava, eu passava muito tempo na piscina, ouvindo aquelas mulheres do subúrbio se queixarem dos maridos. O motivo maior de suas queixas parecia ser a impossibilidade de conseguir que os maridos fizessem o que elas queriam que eles fizessem. E, quando faziam o que elas queriam, faziam errado.

Ser descasada não era fácil, mas pelo menos era mais simples.

Você faz tudo sozinha.

Fazer tudo sozinha torna a gente mais condescendente. Coisas que me deixavam maluca durante meu casamento — a incompetência ou a indiferença de meu marido em relação às tarefas paternas — já não pareciam tão devastadoras quando a falha era minha. O macarrão mal cozido, a falta da soneca da tarde, a fralda molhada, cair no sono enquanto contava uma historinha na hora de dormir já não me pareciam um crime quando era eu que o cometia.

Descasada, comecei a ver o casamento de maneira diferente. Eu me perguntava até que ponto o casamento era benéfico para a educação dos filhos. Junto com um segundo par de mãos vinham dois modos diferentes de educar, dois ritmos, dois conjuntos de valores. Eu sentia falta de muita coisa em meu marido, mas nenhuma falta do enorme esforço de tentar fazê-lo se ligar a nós.

Quando partiu, ele me disse que estava cansado de me decepcionar, e entendi perfeitamente, porque odiava me sentir decepcionada por ele. Comecei a sentir uma pontinha de alívio de saber que ele não seria mais um problema.

Na falta de outros relacionamentos, senti que a ligação com minha filha se aprofundava. Cercada por casais, percebi como nossa relação era especial.

Não tenho dúvida de que todas as mães têm uma ligação intensa com seus filhos, mas o que os livros sobre educação nunca nos dizem é que conhecer um filho é um processo de longo prazo. Nos dois primeiros anos da vida de Emily, o que eu sentia por ela se misturava com meus sentimentos por seu pai e pelo que estava acontecendo com nossa família. Agora que éramos só nós duas, estávamos aprendendo a nos entender.

A piscina infantil era nosso pequeno universo. Eu observava Emily tentar navegar em seu mundo como eu tentava navegar no meu. As crianças se chocavam, se batiam, se agarravam, riam, choravam, engoliam e cuspiam água, correndo para a mãe quando a fralda descartável ficava encharcada e ameaçava explodir.

As mães intervinham com frequência, obrigando os filhos a partilhar os brinquedos e a dizer "por favor".

Não gosto de partilhar e ainda me surpreendo muito quando insistimos que nossos filhos façam isso. Ser gentil é outra coisa. É claro que é importante ser gentil, respeitoso e educado, mas por que uma criança deve abrir mão de algo que lhe pertence só porque outra quer tomá-lo? Embora fosse pouco mais que um bebê, Emily já tinha perdido muita coisa. Coisa demais, eu pensava.

— Se um brinquedo for seu, deve ficar com você — sussurrei. — Você só tem que dividir suas coisas se você quiser.

E ela se agarrava aos seus brinquedos queridos com os pés firmemente plantados no chão. As outras crianças aprenderam a aceitar essa "esquisitice".

Foi meu destino educar uma criança que tinha um temperamento oposto ao meu. Coisas que eu mantinha na superfície — cada pensamento consciente, cada palavra, cada emoção — pareciam submergir em minha garotinha. Era uma menina quieta e cautelosa. Intensa.

Quando começou a falar, formava frases completas, e seu leve sotaque britânico e sua articulação perfeita muitas vezes me pegavam de surpresa.

Uma vez, pouco antes de nos mudarmos para os Estados Unidos, estava passeando com ela pelo bairro quando uma mulher parou para admirá-la, sentadinha no carrinho.

— Que linda menininha! Quantos anos ela tem?

Emily olhou para cima. Seus olhos pareciam duas contas negras.

— Tenho um ano e meio — informou.

A mulher parecia assustada.

— Sei que é um tanto assustador — expliquei.

Mas nem mesmo as crianças mais articuladas são capazes de descrever seus sentimentos. Não sabem pedir o que desejam. O máximo que conseguem é tentar obtê-lo. Eu e minha filha oscilávamos entre um forte apego e a tentativa de nos mantermos afastadas. Quando não suportava mais minha presença, Emily se refugiava em seu quartinho. Eu a via enfileirar seus brinquedos em cima da cama, para então conversar com eles e dar-lhes ordens. Invocava um amigo imaginário chamado "Charlie", que lhe fazia companhia antes e depois da soneca da tarde. Inventava lugares que visitava com Charlie.

Sem mim.

Quando você cria um filho sem pai, quase sempre está solitária, mas raramente está sozinha. Não há respaldo nem possibilidade de escapar à maternidade — nem por um minuto. Uma amiga que era mãe e dona de casa me contou que, quando se sentia sobrecarregada, não via a hora de o marido chegar em casa. Assim que ele abria a porta, ela lhe entregava o bebê e saía para um bar, onde ficava fumando e assistindo a um jogo de basquete na tevê até se sentir melhor. Nenhuma mãe sozinha pode se dar esse luxo. A menor escapada tem que ser fruto de intenso planejamento e/ou de uma despesa significativa. É se lançar na aventura da maternidade sem rede de segurança.

Aprendi a controlar a ansiedade. Dividia as tarefas do dia em partes: comer, brincar, nadar, descansar, ler. Não pensava no que viria depois do meio-dia, e, quando era meio-dia, só me preocupava com o que aconteceria até as quatro. Quando Emily tirava o soninho da tarde, nas horas mais quentes do dia, ligava um ventilador sobre ela e me deitava na cama, os olhos fixos nas árvores que avistava além da janela.

À noite, eu contava os minutos antes da hora de pô-la para dormir, quando então podia me sentar no sofá, ligar para minha mãe e jogar conversa fora sobre o fracasso do meu casamento. Depois, ficava vendo televisão até cair de sono e ir cambaleando para a cama. Muitas vezes, acordava em pânico por volta das quatro da manhã. Deitada de costas, observava as sombras distorcidas das árvores dançando no teto, enquanto passava e repassava na mente o drama e o romance do nascimento de Emily.

Durante a gravidez, tentei interessar meu marido na nossa iminente condição de pais, mas ele parecia não querer falar sobre o assunto. Isso ligou um alarme dentro de mim. Sua única demonstração de interesse na paternidade foi comprar um livro de humor de Bill Cosby, que manteve na mesinha de cabeceira, mas não leu. Ele ajudou a montar o berço, pintou e mobiliou o quarto do bebê, e ficou obcecado pela escolha do nome, mas não me acompanhou nas aulas de preparação pré-natal e parecia ver nossa futura família como faria Cary Grant num filme antigo: muito bem-vestido e a uma irônica distância.

A mensagem que ele me passava era que, em nossa pequena família, eu me tornaria mãe, mas ele necessariamente não seria pai.

No fim da gravidez, entrei em pânico. Já conseguia vislumbrar as minúsculas fissuras que mais tarde se tornariam as fraturas que levariam ao desmoronamento do nosso lar. Criei coragem e lhe disse que estava com medo. Tinha medo de que ele não estivesse ao meu lado quando chegasse a hora de o bebê nascer.

— Não se preocupe. Sei trabalhar sob pressão e nunca perdi um prazo — ele me acalmou. — Tudo vai dar certo.

Na noite em que entrei em trabalho de parto, pegamos um táxi e atravessamos Knightsbridge a toda velocidade a caminho do hospital. Ele segurava minha mão: — Pense nisto: da próxima vez que passarmos por este lugar, já estaremos com nosso bebê no colo.

Ele tinha razão de dizer que sabia trabalhar sob pressão. Na preparação para o parto, leu para mim e sussurrou ao meu ouvido. Quando o médico aplicou a anestesia epidural, ele disse: — Pense em um lugar que você ama. Imagine que está sentada na cadeira de balanço na varanda da casa de sua mãe em Freeville.

Foi a última vez em que me senti verdadeiramente ligada a ele. Depois disso, nosso casamento pareceu uma longa despedida.

Ser pai, ficou claro, não tinha nada a ver com cumprimento de prazos, mas com o que acontecia no tempo entre eles.

Agora, no início de minha nova vida, despertada do sono pela ansiedade, eu passava o tempo todo até voltar a dormir preocupada com as contas a pagar, com a necessidade de conseguir um emprego e com novos possíveis encontros amorosos. Eu me perguntava se seria meu destino ser parte de uma família desfeita e se não ter um pai presente causaria profundas feridas na vida de minha filha.

São os pais que mostram aos filhos como é o mundo. Somos nós que lhes dizemos como é a vida. O bebê procura no rosto da mãe sinais de sofrimento. E chora quando os vê.

Decidi que queria ser feliz. Sabia que me sentiria melhor se encontrasse uma maneira de ganhar a vida para nós duas, e que teria que fazer isso por minha conta.

A maternidade não é um processo de controle, mas de entrega. Aprendi isso durante os meses nebulosos de nosso primeiro verão. Meu empenho em construir uma família-modelo tinha sido inútil. Conduzi um homem à paternidade, mas não fui capaz de mantê-lo ao meu lado.

Não somos nossas melhores intenções. Somos o que fazemos. Meu marido me ensinou isso.

Agora eu precisava construir alguma coisa com o que restou. Emily e eu éramos dois pontos ligados por uma linha. Decidi que, por mais estranha que fosse a forma ou a estrutura de nossa família, essa linha jamais se romperia.

Três

Meu ex é um ponto no mapa

Separação em uma época que devia ser de união

Nosso novo lar em Washington era um apartamento em um edifício *art déco* dos anos 1930 construído com tijolos amarelo-claros e situado bem ao lado do zoológico. No prédio moraram congressistas e membros do governo. Agora era um edifício antiquado, decadente, que abrigava residentes idosos, muitos dos quais viviam ali há décadas. Como muita gente em Washington, os moradores do Kennedy-Warren contavam o tempo pelos mandatos presidenciais. Quando alguém lhes perguntava há quanto tempo viviam no prédio, respondiam: "Estou aqui desde Truman" ou "Viemos durante o período Nixon/Ford".

Muitas tardes, quando chegava do jardim de infância, Emily pegava seu carrinho de brinquedo e sua boneca favorita e ia até o saguão de entrada recolher a correspondência. O espaçoso saguão era o principal local de reunião de nossos vizinhos, que, apoiados em bengalas ou andadores, vinham sentar-se nas poltronas estofadas do antigo salão. Ali passavam a maior parte da tarde, gritando com algum morador do outro lado do saguão e atormentando Charles, o porteiro uniformizado que trabalhava no turno da tarde. Nosso vizinhos gostavam de ajudar Charles a fazer seu trabalho.

— Entrega! — gritavam, assim que um caminhão da UPS* apontava na entrada da garagem.

— Obrigado! Não vi esse imenso caminhão marrom parar! — Charles gritava de volta, ajeitando o quepe na cabeça, fazendo uma careta irônica e saindo para cumprimentar o motorista.

Sempre que Emily entrava no prédio ao meu lado, recebia uma saraivada de cumprimentos e perguntas dos vizinhos como se estivesse em uma conferência de imprensa na Casa Branca na presença do elenco de *Cocoon*.**

— Como se chama sua boneca, Emily?
— Vai visitar o zoológico hoje?
— Deixe-me ver esse vestido lindo!
— Onde está seu pai, querida?

Era impressionante a frequência com que as pessoas perguntavam à minha filha onde estava seu pai. As crianças que vinham brincar em casa observavam os móveis e a decoração feminina e notavam imediatamente a falta de uma presença masculina. — Onde está seu pai? — perguntavam. As mães eram igualmente curiosas. — Onde está o pai dela? — cochichavam, num tom que qualquer pessoa que estivesse no *playground* podia ouvir.

Eu ficava tentada a responder às crianças, com um palavreado cheio de explicações, que, às vezes, papai e mamãe

---

* United Parcel Service, companhia americana especializada no envio de encomendas para todo o mundo. (N. da T.)

** Filme americano de ficção científica dirigido por Ron Howard, que conta a história de um grupo de velhinhos que, depois de nadar em uma piscina, rejuvenescem misteriosamente. (N. da T.)

se separam e não é culpa de ninguém, mas Emily sempre se saía com uma resposta elegantemente simples:

— Ele está em Moscou.

Era incrível, mas essa resposta era suficiente. Embora as crianças não tivessem a menor ideia de onde ficava Moscou, nunca faziam mais perguntas. Emily também não sabia onde era Moscou, embora já tivesse estado lá uma vez, durante duas semanas, numa primavera, quando era bebê. Os adultos não se satisfaziam tão facilmente. — Mas ela o vê? — insistiam. — Ah, sim. De vez em quando. É muito longe, mas eles se encontram quando é possível.

Às vezes, à noite, Emily e eu pegávamos o globo terrestre na estante e eu guiava seu dedinho de Washington, D.C., atravessando o oceano Atlântico, passando pela Irlanda, fazendo uma parada em nossa antiga casa na Inglaterra e zigue-zagueando pela Europa até finalmente chegar à Rússia. — Aqui é Moscou, onde seu pai está!

Meu ex era um ponto no mapa.

No segundo ano de nossa filha e último de nosso casamento, meu marido, jornalista de tevê, era o homem que eles enviavam a lugares como o Afeganistão. Ele fazia as malas e partia para Islamabad, Bruxelas ou Praga. Passou o Dia de Ação de Graças numa missão na Armênia e só voltou para casa em meados de dezembro. Fazia apenas duas horas que ele estava em casa quando o telefone tocou chamando-o para outra reportagem. Ele estava fora, realizando seu ritual depois de cada viagem — comprar um jornal e a revista *People* —, e quando voltou o motorista da empresa já o esperava diante de nosso apartamento londrino. Ele trocou de mala e partiu novamente. Voltou no fim de janeiro.

Às vezes íamos encontrá-lo em algum lugar. À medida que a democracia e o capitalismo varriam a Europa Oriental, eu pegava Emily no colo e viajava em aviões lotados de empresários que se apressavam a chegar à Hungria ou à República Tcheca com a maleta cheia de contratos e, imagino, do dinheiro vivo necessário para subornar os funcionários locais. (Quanto a mim, levava uma maleta cheia de fraldas.) Em Budapeste, troquei a fralda de Emily no chão do aeroporto, perto da esteira de bagagem, enquanto esperava nossas malas. Foi nessa viagem que ela deu seus primeiros passos. Eu a levei a um teatro de bonecos em Moscou e ela atravessou cambaleando a Praça Vermelha. Mas a vida familiar na estrada não era o meu forte. Alimentá-la sentada no carrinho, colocá-la para dormir num berço portátil em um quarto de hotel, enquanto eu assistia ao noticiário da CNN sem volume e esperava que meu marido voltasse — essas limitações e a solidão foram demais para mim. Ficamos para trás, enquanto ele seguiu em frente.

Às vezes eu perdia a pista dele, que devia estar em algum canto do mundo, e o imaginava usando diversos trajes e chapéus típicos. Quando ele ligava à noite, eu fechava os olhos e o visualizava usando bermudas de couro, meias três-quartos e tamancos, uma camisa de camponês e um chapéu de feltro verde, como o de Robin Hood. Ou vestido com túnica e fez, como Nehru. Ou usando um daqueles chapéus de pele de coelho dos russos, que eu lembrava ter visto na cabeça de Leonid Brezhnev na tevê. Quando ele chegou de uma viagem com uma foto onde aparecia usando esse chapéu ao lado de um burro no deserto do Afeganistão, percebi que já visualizara aquela imagem nos mínimos detalhes, inclusive o burro.

— Mas quem é este burro ao lado do outro? — brinquei.

Quando nosso casamento terminou, ele partiu para a Rússia, enquanto eu voltava para Freeville. Pouco antes do dia da mudança, ele me contou que aceitara um trabalho de longo prazo em Moscou. Eu não conseguia entender por que ele estava se mudando para tão longe, já que eu ia partir para outro continente, mas imaginei que ele tinha escolhido a Rússia porque a Lua, Marte e a galáxia mais distante já estavam ocupados. Nós estaríamos, literalmente, em extremidades opostas do mundo.

Dois anos depois disso, Emily e eu tínhamos nos mudado para Washington e nossa vida estava entrando nos eixos. Consegui um emprego como pesquisadora *freelancer* enquanto Emily estava na escola, e a sensação de companheirismo começou a circular nas partes mais profundas da minha solidão. Eu também não chorava mais. Apenas as fotos de Emily bebê ou a visão de um casal de velhinhos de mãos dadas na Connecticut Avenue podiam me fazer chorar.

Em dois anos de separação, Emily se encontrara com o pai algumas vezes. Sabia quem ele era — tínhamos fotos dele espalhadas pelo apartamento, e ela o via em reportagens na televisão de vez em quando —, e eu falava sobre ele espontaneamente, embora não com muita frequência. Não queria transformá-lo em uma criatura paterna mítica, que raramente aparecia.

Eu sabia onde encontrá-lo, mas poucas vezes tentei fazer isso, em parte porque Emily tinha vergonha de falar ao telefone. Ele ligava de vez em quando e me dizia que estava planejando uma viagem aos Estados Unidos. Três ou quatro vezes por ano, ele voava até Nova York, pegava um trem para Washington, ficava em um hotel e visitava a filha. Às vezes, levava Emily para o hotel, onde eles nadavam na piscina, viam desenhos na tevê e comiam no quarto. Pareciam ter um relacionamento muito fácil, amoroso e sincero, e eu gostava de ver os dois juntos. Uma vez ou outra, ela passava a noite com ele e eu ia encontrá-los no café da manhã do dia seguinte. Íamos os três ao zoológico ou fazíamos algum outro passeio turístico.

Cinco meses depois de sua última viagem, faltavam alguns dias para o Dia de Ação de Graças quando meu ex-marido bateu à porta. Vesti minha máscara de jovialidade, que eu esperava fosse capaz de esconder minha ansiedade, mas que na verdade era um disfarce de falsa felicidade. Fui buscar a mochila e a mala com rodinhas que Emily levaria na viagem. Nossa garotinha de quatro anos tinha se enfiado no quarto, o ponto mais afastado da porta de entrada do apartamento.

Pensei que estávamos nos especializando em separações. Eu queria muito que o pai estivesse presente na vida da minha filha, mas, infelizmente para nós todos, para isso dessa vez ela tinha que se separar de mim.

Essa viagem seria diferente. Ela passaria o Dia de Ação de Graças com a família dele em Nova York. O pai só viera a Washington para pegar Emily e levá-la para passar alguns dias com ele em Nova York. Seria divertido. Era isso o que eu dizia a Emily. Eles iam ver o desfile da Macy's no Dia de Ação de Graças! Ela veria o Papai Noel, as Rockettes, os avós e os primos!

— Todo mundo adora Nova York — eu disse, enquanto fazíamos juntas a mala que ela levaria. — Lá é que fica a Vila Sésamo. Lá fazem a melhor pizza e moram as pessoas mais divertidas. E é por isso que todo mudo quer viver lá.

Emily estava em silêncio.

— Você também vem?

— Não. Vou ficar aqui uns dois dias. Depois, pego um trem para Nova York para encontrar você e voltamos de trem para casa. Vai ser divertido, não acha?

Seus olhos se encheram de lágrimas. Uma piscada. E mais uma.

— Por que você não leva três amiguinhos para lhe fazer companhia? — perguntei. Olhamos os bichinhos de pelúcia alinhados em cima da cama. — Ah, não. Assim não dá. Todos querem ir! — E ralhei com o ursinho por se arrastar para dentro da mala.

— Quer saber o que vou fazer enquanto você estiver viajando? — Ela fez que sim com a cabeça. Tentei enumerar as atividades menos emocionantes que consegui imaginar.

— Vou comer verduras e passar o aspirador no apartamento. Vou ao banco e ao correio, e levar o carro para a oficina.

— Você vai levar o carro para o Greg? — ela perguntou. (Greg era nosso mecânico.) — Será que ele vai perguntar onde eu estou? — Imaginei a cadeirinha dela vazia.

— Claro que ele vai perguntar por você. O que é que você quer que eu diga pra ele?

— Diz que eu estou em Nova York com meu pai.

Aprendi a dizer adeus a Emily quando ela entrou no jardim de infância. Quando a levava até a classe, Gay, a professora, a recebia com carinho. — Vamos encontrar uma coisa para você fazer — dizia, levando-a pela mão. Eu me demorava um pouco à porta da sala. Emily olhava para trás, via que eu ainda estava ali e corria para os meu braços. Seguia-se uma sucessão de abraços. Eu me sentia num melodrama do cinema mudo: na cena, ela ia ser mandada para um orfanato e eu estava prestes a ser empurrada para longe em cima de uma placa de gelo flutuante. Decidi ficar por perto até ela se sentir melhor. Mas ela nunca se sentia melhor enquanto eu ficava por perto. As mães ou pais mais experientes deixavam seus filhos na classe com um alegre adeus e saíam rapidamente. Mesmo as crianças mais manhosas paravam de chorar assim que a mãe dava as costas e a professora as conduzia para junto dos colegas.

Percebi que estava sendo egoísta com meu apego. Além de impedir o progresso de Emily, ele refletia minha incapacidade de me separar dela. A mensagem que eu precisava lhe passar era que não havia problema em nos separarmos e que ela podia confiar em si mesma e nas pessoas que a cercavam. Ela precisava aprender que era capaz de viver no mundo e ter experiências sem mim, que depois de um adeus sempre vinha um oi, e que as pessoas vão, mas voltam.

Agora que ela tinha quatro anos, já sabíamos dominar a ansiedade da separação na escola. Mas essa partida para Nova York me oprimia. Não era eu que a deixava, mas ela que estava me deixando.

— Emily, pegue sua mochila que seu pai já chegou — chamei, num tom monótono.

Abri a porta. Ele estava exatamente igual. Ele sempre parecia igual. Eu raramente o via pessoalmente, mas sua imagem era nítida sempre que eu pensava nele — ou olhava para a nossa filha. Como ele costumava adotar as roupas típicas do país que estivesse visitando, naquele dia estava usando tênis, calças de algodão, uma jaqueta de camurça e, como todos os homens naquele ano, um boné de beisebol. Tinha passado a noite num hotel próximo, e um táxi os esperava para levá-los ao aeroporto.

Ele usava praticamente a mesma máscara que eu. Ele era Wink Martindale, e eu, Kathie Lee Gifford.*

---

* Winston Conrad "Wink" Martindale tem uma longa carreira na tevê dos Estados Unidos como apresentador de programas de jogos e de perguntas e res-

— Acho que ela está um pouco insegura. Vou chamá-la — eu disse.

Ele ficou parado à porta.

Fui até o quarto de Emily e a peguei no colo. Na mesma hora percebi que tinha cometido um erro. Aquela despedida requeria uma atitude prática de pegá-la pela mão. Senti seus bracinhos ao redor do meu pescoço. Temi que uma de nós duas não sobrevivesse a esse abraço.

Levei-a até a porta. Ele entrou, fez um carinho nas costas dela e lhe disse que estava animado com a viagem.

— Onde está sua mala? Não é melhor irmos buscá-la? O táxi está nos esperando para nos levar ao aeroporto!

Seu tom parecia o de um apresentador de programa de prêmios. "Você acaba de ganhar um carro zero!" Quase esperei um gesto dele em direção à assistente de palco, parada, sorridente, ao lado do prêmio.

Tentei uma abordagem direta.

— Tudo bem. Vou pôr você no chão e eu, seu pai e você vamos descer juntos até o saguão.

Ela se agarrou com mais força ao meu pescoço. "Isso vai me deixar uma marca. Vou ganhar o maior hematoma do mundo", pensei.

Ele se abaixou para pegar a mochila de *A bela e a fera* e a pequena mala de Emily. Nossos olhos se cruzaram. Ele parecia totalmente desamparado. Eu odiava esse olhar e a maneira como ele costumava esperar que eu lhe dissesse o que fazer. E odiava ainda mais quando lhe dizia o que fazer. Eu não queria mais assumir o controle, nem agora nem nunca.

---

postas; Kathie Lee Gifford é uma famosa cantora, compositora e atriz que durante quinze anos apresentou um programa de entrevistas na tevê. (N. da T.)

— Vamos embora. — Emily me agarrou ainda mais forte. Eu podia sentir seus pés cruzados atrás das minhas costas. Afastá-la exigiria a intervenção cirúrgica de uma equipe de especialistas, inclusive, naturalmente, de um psiquiatra. Como muitos pais, eu às vezes me perguntava qual dos meus erros acabaria levando nossa filha à terapia. Não precisava mais procurar — já havia um vencedor.

Nossa única alternativa era o pai arrancá-la literalmente do meu colo e levá-la à força. Aquilo mais parecia um sequestro do que uma viagem alegre para ver Papai Noel e as Rockettes. Emily aliava uma memória de elefante a uma dificuldade de perdoar. Ela não perdoou a tia Rachel pelo que aconteceu quando passou dois dias na casa dela: ela andou de bicicleta cor-de-rosa com rodinhas, foi chamada de idiota pelo primo mais velho, ficou acordada até tarde e almoçou em uma bandeja assistindo televisão. Se ela achou *isso* imperdoável, imagine o que ia achar agora.

Entramos no elevador. Emily continuava fungando. Percebi o início de um soluço subindo pelo seu corpo. Meu plexo solar funcionava como um radiorreceptor, captando suas emoções à medida que atravessávamos o saguão em direção à porta do prédio. Charles, que estava de serviço naquele dia, olhou para nós, sacudiu a cabeça e abriu a porta do táxi. Eu estava sem sapatos. Tentei soltar um dedo de Emily do meu pescoço, mas ela apertou ainda mais forte.

— Vou até o aeroporto com vocês. Está tudo bem. Vou no carro com você — eu disse, me perguntando se eles deixariam uma mãe descalça e sem documentos embarcar no avião. Será que a comissária de bordo me serviria uma dose de álcool suficiente para me fazer esquecer essa cena? Será que a namorada de meu ex-marido passaria esses dias com eles em Nova York? Se isso acontecesse, como eles pediriam para Emily chamá-la? A família dele tinha uma tendência pedante de adotar apelidos infelizes. Os avós tinham pedido a Emily que os chamasse de "Ta Ta" e "Num Num". Será que minha filhinha teria que se referir à namorada do pai como "Kiki" ou "Bun-Bun"? Será que eu podia chamá-la de "Boboca" sem me dar mal?

O motorista de táxi olhou para nós pelo espelho retrovisor. O rosto de Emily estava enterrado em minha clavícula. Ela soltou um ronco baixo e gutural, como um motor precisando trocar o óleo. Ninguém disse nada.

A viagem até o aeroporto levava cerca de quinze minutos. Fui apontando nossos lugares preferidos. — Veja, o Monumento a Washington! Ah, já consigo enxergar os aviões! Olhe como eles parecem pequeninos no céu! Agora estamos passando pelo Jefferson Memorial! — Acariciei as costas dela e sussurrei no seu ouvido: — Vai ficar tudo bem, querida. Você vai ver. Daqui a três dias vou te buscar como nós combinamos. — Seu medo parecia ter se suavizado em tristeza. Eu a sentia nos ossos.

Estacionamos na área de embarque do terminal. Meu ex saiu do táxi e veio para o nosso lado. Abriu a porta e, em silêncio, arrancou Emily do meu colo. Senti suas pernas se soltarem quando ela transferiu o abraço de mim para ele. Ninguém disse adeus. Ninguém acenou em despedida.

Ele deu quarenta dólares ao motorista. — Pode levá-la de volta para casa, por favor? — ele pediu, fazendo um aceno de cabeça para mim. — Desculpe — balbuciou.

Me acomodei no assento e solucei. O motorista me olhou novamente pelo retrovisor. Era egípcio, imaginei, vendo o nome Nasser na licença presa ao quebra-luz.

— Ai, meu Deus. É muito triste — ele disse. Estendeu o braço, pegou uma caixa de lenços de papel no porta-luvas e passou-a para mim.

— Obrigada. — Tantas vezes eu queria ficar firme e tão poucas eu conseguia. Peguei um lenço e assoei o nariz.

— Devolva-me a caixa, OK?

Eu a devolvi.

— Já vi muita coisa triste, e isso foi realmente muito triste — ele disse. Pegou um lenço e assoou o nariz. — Também estou chorando.

Rezei a Amon-Rá, o deus egípcio, pedindo que o homem me ignorasse. Imaginei Emily passando pelo detector de metais e me perguntei o que ia fazer durante sua ausência. Com certeza, o que eu mais gostava era de me sentar sozinha em um cinema, enterrada em um balde de pipoca.

O motorista deu a partida.

— Você sabe, não é? Isso acontece, e a gente não pode evitar. A única coisa que a gente pode fazer é aceitar — ele disse, expressando um fatalismo estranho aos meus ouvidos.

— Talvez, mas não preciso gostar disso. — Me inclinei para a frente e peguei outro lenço, passando a cabeça pelo vão da divisória de vidro. Éramos uma equipe agora, eu e ele. Talvez pudéssemos dar um curso de auto-ajuda sobre o tema "Ame-os e deixe-os".

— Mesmo que você não goste, precisa fingir que gosta. É pelo bem da sua filha. Se você não quiser que ela vá, ela vai perceber e não vai querer ir mesmo. Foi o que aconteceu hoje. — Deus não permita que Emily algum dia queira ser enfiada à força em aviões e trens para passar uns dias com Ta Ta, Num Num, as Rockettes e Papai Noel. E a Boboca.

E o papai.

Em 1974, eu mesma tivera uma experiência semelhante quando eu e minhas irmãs passamos um fim de semana com nosso pai. Ele tinha se mudado para uma cidadezinha bem no norte do Estado de Nova York que chamávamos de "North Country com Joan",* a garçonete de posto de estrada que se tornara a segunda das cinco mulheres de meu pai. Não sei como eles combinaram a visita — não lembro de meu pai ter nos procurado depois que partiu —, mas no verão seguinte nossa mãe nos disse que ele estava vindo a Freeville para nos buscar. Eu estava com treze anos, e minhas irmãs, com quinze e dezesseis. Meu irmão tinha se livrado dessa visita porque estava viajando de carona pela Escandinávia com um amigo.

Papai chegou guiando um dos seus ferros-velhos. Cada uma de nós levava uma sacola com suas coisas. Mamãe tinha nos garantido que tudo ia dar certo. Podia até ser divertido! Ela nos acompanhou até o carro e me deu um abraço apertado. Meio sem graça, cumprimentamos nosso pai, que atirou o cigarro na calçada e disse: — Bom, vamos embora.

Entramos no carro. Minhas irmãs me empurraram para fora do banco traseiro, me obrigando a sentar na frente. Papai falou durante todo o caminho, alardeando as belezas da paisagem campestre de North Country. Citou os espetaculares índices de neve da região e disse que estava de olho em uma fazendinha perto de Lowville, onde ele e Joan moravam.

Chegamos ao anoitecer. Uma fileira de árvores separava a casa de Joan da estrada. O rio Black, que era de fato escuro, estagnado e deprimente (papai nos contou que essa cor escura era causada pelo excesso de tanino das árvores que margeavam o rio), corria do outro lado da estrada.

---

* Referência à canção "North Country Blues", de Joan Baez. (N. da T.)

Joan era uma mulher grandalhona e usava o uniforme de garçonete. Tinha uma coleção de garrafas de Jim Beam,* do tipo que a gente costuma ver expostas na vitrine das lojas de bebidas. Uma tinha a forma da cabeça de Elvis. Outra parecia um urso. No mais, o ambiente era escuro, espartano e forrado de um velho linóleo. Joan tinha filhos. Dois estavam internados num reformatório e os outros espalhados por aí — talvez visitando os pais (nunca conhecemos nenhum deles). Quase não havia sinais da presença de crianças na casa.

Joan fumou e acariciou o braço de nosso pai durante o jantar. Alegando cansaço, subimos a escada rangente até o lugar onde íamos dormir: um quarto vazio com piso de linóleo. Pegamos nossos cobertores e travesseiros e dormimos agarradinhas no chão. — Vou levar uma daquelas cabeças de garrafa pra mim! — sussurrei para Rachel, que caiu na gargalhada. Naquela noite, demorei a pegar no sono, preocupada porque não sabíamos onde ficava o interruptor de luz, caso um dos cigarros de Joan pusesse fogo nas cortinas de plástico e precisássemos sair às pressas.

No dia seguinte, papai nos levou para conhecer a região, mostrando-nos as formações rochosas e outras paisagens do campo, que achamos fascinantes. Ele nos perguntou sobre a escola, mas, como era difícil manter uma conversa, continuou monologando sobre as estatísticas e os factoides fabricados, que eram sua especialidade. Almoçamos no restaurante de estrada onde trabalhava Joan, que assumiu um orgulho de proprietária quando nos trouxe a comida.

---

* Marca de *bourbon* que vem sendo destilado em Clermont, no Kentucky, desde 1795. (N. da T.)

Se eu me importasse com Joan, acho que a odiaria, mas, não sei como, eu sabia que ela não teria nenhuma consequência em minha vida. Decidi que só tomaria uma posição sobre ela se fosse obrigada. Por que será que mamãe nos deixara vir? Temi que papai nos obrigasse a visitá-lo mais vezes. Se fosse necessário, eu ia estudar fora para fugir das visitas. O reformatório seria demais, mas talvez um colégio interno. Eu me perguntei o que mamãe estaria fazendo com tanto tempo livre e a imaginei lendo um livro, que era o que ela sempre fazia quando tinha que nos esperar na saída da escola, nos jogos de basquete ou no ensaio da banda. Talvez ela estivesse cansada de nós e adorando ficar sozinha.

Jantamos mais uma vez na casa de Joan. Comemos em silêncio, enquanto a noite se fechava sobre nós — a escuridão rastejava por entre as árvores, subia pela entrada da casa e penetrava na cozinha de linóleo. Papai continuou tagarelando, Joan fumou um cigarro atrás do outro e acariciou o braço dele. Papai estava trabalhando na construção de uma prisão perto de Watertown. Disse que aceitara o trabalho enquanto não voltava a ser fazendeiro. Ele abandonara uma ótima fazenda e uma família maravilhosa. Por que repetir a história?

Mal podia esperar para voltar para casa. No caminho de volta, permanecemos em silêncio, e, pela primeira vez no fim de semana, papai estava desanimado. Comparada a Lowville, Freeville parecia iluminada, colorida e arejada. Nunca tinha estado em Miami, mas com certeza era assim que devia ser o clima no Sul. Quente e ensolarado.

Papai nos deixou perto do nosso celeiro vazio e disse: — Digam alô à sua mãe por mim. — Obrigada, papai. Foi realmente interessante! — eu disse, agarrando minha sacola e caminhando em direção à nossa casa. Notei as petúnias coloridas transbordando de um dos muitos vasos de flores de mamãe.

Entramos na casa. Mamãe estava em cima de uma cadeira, terminando de pintar uma parede da sala de jantar. A sala estava completamente diferente do que era apenas dois dias antes. Ela tinha pintado as paredes e mudado os móveis de lugar.

Meio desconfiada de nossa reação, ela nos cumprimentou e riu: — Eu não tinha muito o que fazer enquanto vocês estiveram fora. — Ainda segurava um pincel. — Muito bem, guardem suas coisas e vamos jantar — ela disse. Tive a sensação de ter estado fora por duas semanas, e a mudança da sala me fez sentir uma visita.

Mamãe nunca nos fazia perguntas diretas, mas, durante o jantar, não conteve a curiosidade. Descrevi a coleção de garrafas de Joan, minhas irmãs falaram do medo daquela casa escura, dos meninos que estavam no reformatório e da gabolice de nosso pai. Até que finalmente resolvi dizer o que ela queria ouvir: — E Joan... caramba! Ela é uma brutamontes. Sem brincadeira, mãe. Parece uma profissional de luta livre.

Minha mãe soltou um suspiro rápido. Eu não tinha percebido até então o que ela estava segurando.

— Não pode ser tão ruim assim — ela disse.

— É ruim, sim — respondemos, rindo. — Não nos obrigue a voltar lá, por favor.

— Tudo bem. Vou livrar vocês dessa.

Foi a primeira vez que percebi como estava sendo difícil para nossa mãe. Como a maioria das crianças, eu achava que a ligação entre nós era uma coisa natural. Sabia que precisava dela. Mas será que ela precisava de mim? Nunca tinha pensado nisso. Mais tarde, ela confessou que tinha ficado com medo de que quiséssemos ficar com nosso pai. Tinha medo de nos perder. Mas, apesar disso, tinha que nos deixar ir. Seus medos eram imateriais.

Nasser, o taxista, tinha uma opinião — uma observação que nem os mais íntimos ousaram me fazer. Às vezes era preciso fingir que era fácil se desapegar. E a razão disso era tornar a vida mais fácil para a outra pessoa. Às vezes, o melhor era embarcar de boa vontade na placa de gelo flutuante. Eu podia tentar.

Nasser dirigiu o carro pelo caminho circular diante do meu prédio. Nas manhãs de sábado, os poucos moradores que tinham filhos costumavam trazê-los para brincar no jardim. As crianças ciscavam como um bando de franguinhos fora do galinheiro. Charles as observava com um olhar bondoso, e geralmente estava disponível para ficar de olho nelas se alguém precisasse voltar ao apartamento para buscar um biscoito ou um brinquedo esquecido. Emily fazia parte desse pequeno bando de crianças pequenas que cambaleavam no gramado, empurrando seus carrinhos de boneca ou brincando com seus tacos de golfe de plástico. Naquela quente manhã de outono, alguns dos pequenos frequentadores estavam lá, ao lado dos pais, que sorviam distraidamente sua terceira xícara de café da manhã.

Tentei não olhar para as crianças, mas não deixei de pensar, com certa amargura, que seria bem melhor se Emily tivesse passado a manhã puxando seu carrinho de boneca do que uma mala de rodinhas. Comecei a sair do carro com cuidado, sentindo o chão sob os pés descalços e percebendo pela primeira vez que estava sem sutiã.

Nasser estendeu uma nota de dez dólares para fora da janela.

— Ele me deu dinheiro a mais — disse.
— Pode ficar com ele — eu disse. — Você com certeza o mereceu.

Estiquei o braço para dentro do carro, peguei mais um lenço de papel e entrei.

Quando cheguei ao apartamento, o vazio me atingiu como uma onda. O telefone tocou. Era meu ex.

— Só queria te dizer que está tudo bem. Já vamos embarcar. Emily, você quer dar um alô para a mamãe? Espere um pouco que vou pegá-la no colo. — Ouvi a voz do locutor do aeroporto anunciando os próximos voos e o ruído da moeda caindo no telefone público. Eu nunca tinha ouvido a voz de minha filha ao telefone — eu só a ouvia como devia ser: pessoalmente.

— Oi, mamãe!
— Oi, querida. Você está pronta para ir? Você vai se divertir, não vai?
— Vou.
— E quando é que eu vou te buscar?
— Daqui a três dias.
— Isso mesmo: daqui a três dias.

Quatro

Não é trabalho nenhum

Num domingo de Páscoa, quando Emily estava na primeira série, Rachel e eu caminhávamos por Freeville, conversando, como fazíamos frequentemente, sobre nosso planos. Gostávamos de planejar o futuro, eu e ela, e tínhamos passado a vida toda trocando ideias. Houve uma época, durante a infância, que nossas conversas se concentravam em encontrar uma maneira de sair de casa, mas acabamos descobrindo que o poder de atração de nossa cidade natal era mais forte que nós. Depois da faculdade, Rachel nunca conseguira viver mais de quinze quilômetros longe de Freeville — e agora constatávamos que, pelo menos em parte, eu também tinha voltado.

Paramos no meio da Union Street, bem no lugar onde teria sido pintada a faixa amarela, se ela existisse. Uns gatos descansavam sobre o asfalto quente, abanando a cauda. A rua estava quieta e sem tráfego, como era habitual.

— Que tal aquela? — Rachel perguntou, apontando para o cruzamento da Main Street, onde uma casa ostentava uma placa de "Vende-se". Solta em uma ponta, a placa pendia e oscilava ao sabor da brisa de primavera como um homem numa situação difícil.

— Aquela? — perguntei, num tom de desgosto.

A casa era alta e estreita. Uma chaminé de cimento destacava-se na frente. No andar superior, duas pequenas janelas redondas pareciam olhos inflamados; no térreo, uma falsa *bay window* em arco ocupava parte da fachada. Parecia ter saído do desenho de uma criança apressada e sem talento. Se a casa tivesse pais, eles a teriam deserdado e se mudado para Buffalo sem deixar endereço. Feia demais, fenecia há dois anos entre os refugos do mercado imobiliário local.

Ficava vizinha da casa onde tia Millie vivia, que fora construída por meu bisavô em 1886 e onde desde então minha família morava. Uma geração atrás, a casinha sem graça que agora estava à venda também tinha pertencido à nossa família por algum tempo. Quando eu era bem pequena, minha tia-avó Jane morava lá, mas, depois de sua morte, ela tinha passado pelas mãos de vários proprietários negligentes e relaxados, como se fosse um personagem miserável de um romance de Edith Wharton.

Além de não ser a casa dos meus sonhos, era tão insignificante que na infância devo ter passado na frente dela umas quarenta e sete vezes por dia na minha bicicleta sem notá-la.

Mas, como custava 58 mil dólares, decidi comprá-la.

Durante muitos anos, vivi atormentada por desejos materiais que algumas pessoas da minha família desprezavam como "mania de grandeza". Ter uma segunda casa se encaixava na autoimagem que eu criara para mim na infância, quando ia para o celeiro, arrumava os montes de feno numa triste imitação do cenário de Johnny Carson*

---

* John William Carson (1925-2005), apresentador, durante trinta anos, do famoso programa de variedades e entrevistas *Tonight Show*. (N. da T.)

e era ao mesmo tempo a apresentadora e a mais fascinante convidada do seu lendário programa de entrevistas. Sem a menor ideia de como chegaria lá, eu sabia que estava destinada a morar em Nova York (uma cidade que eu só tinha visto no cinema) e a ter uma segunda casa em algum cenário compatível com minha alta condição. Durante parte do ano, eu viveria em um lugar como Kykuit.

Quando eu era criança e Nelson Rockefeller era governador do Estado de Nova York, li sobre Kykuit na revista *Life*. Era lá que o governador se refugiava quando queria clarear a mente. Situada numa propriedade de duzentos acres no vale do Hudson, a mansão da família Rockefeller continha galerias de arte, lareiras tão grandes que até se podia caminhar dentro delas, jardins cheios de esculturas, canteiros de flores distribuídos em terraços, a vista do rio Hudson, uma garagem cheia de automóveis maravilhosos, aposentos para hóspedes e uma construção encantadora chamada Templo de Afrodite.

Em minhas fantasias, eu me casaria com um primo distante dos Rockefeller, de preferência algum que não fosse muito feio e se parecesse um pouco com Donny Osmond,* e nós usaríamos a mansão como nosso segundo lar. Nem precisaríamos nos hospedar na casa principal; ficaríamos muito felizes em um dos chalés destinados aos hóspedes. Meu projeto de vida era muito específico nesse aspecto. Eu ia viver em Kykuit.

Saí de Freeville aos dezessete anos, mas nunca consegui abandoná-la de vez. Tinha a sensação de viajar sempre na mesma direção, até quando não tinha essa intenção — minha bússola estava sempre apontada para casa.

---

* Donald Osmond (1957-), cantor, ator, apresentador que foi ídolo adolescente nos Estados Unidos. (N. da T.)

Quando estava na universidade, em Washington, minha saudade de casa passava por longos períodos de remissão, mas um dia vinha à tona e eu embarcava num ônibus intermunicipal e viajava até Scranton, na Pensilvânia, onde minha mãe ia me buscar depois de dirigir três horas. Minha mãe é com certeza a pessoa para quem a frase "Não é trabalho nenhum" foi criada. Como ela é uma mulher caseira, que gosta de viajar, mas detesta estar longe de casa, nunca precisei lhe explicar esses meus impulsos.

— Então, o que está acontecendo neste fim de semana em Freeville? — perguntava, animada, assim que entrava no seu Dodge marrom.

— Nada de nada.

— Ótimo. Ainda bem que eu vim, porque ia odiar perder isso.

Na faculdade, fiz amizade com colegas que vinham de lugares como Greenwich, Winnetka e Shaker Heights — cidades que, ao contrário da minha, dispensavam apresentação. Como as casas em que moravam, sua infância devia ter sido um sonho. Tinham perdido a virgindade na cabana do lago da propriedade e ganhado um carro de presente no aniversário de dezesseis anos.

Comentava-se que John, meu amigo de faculdade, vinha de um ramo de Connecticut da família Kennedy. Encantada com seu sorriso Ultra Brite e seu suéter cuidadosamente amarrado ao redor do pescoço, eu tentava não deixar que sua riqueza e suas relações influenciassem minha opinião sobre ele. Pouco antes de minhas primeiras férias de primavera, John me perguntou se eu gostaria de "participar" de uma viagem de veleiro que ele estava organizando com amigos. O grupo velejaria pelo Caribe e, depois, iria para a casa de férias da família dele em Barbados.

Apesar do evidente contraste entre a minha condição social e a dele, eu não queria ser explícita.

— Obrigada, mas não acho que poderia arcar com uma viagem de veleiro — eu disse, e então John piscou para mim e respondeu: — Por que não deixa essa despesa por conta do seu velho?

Eu ainda estava aprendendo o vernáculo dos riquinhos, mas logo imaginei que "velho" fosse o pai. Como não via o meu "velho" há cinco anos e não tinha a menor ideia de onde ele morava na época, concluí que a probabilidade de ele me pagar uma viagem de veleiro era nula.

Meus amigos de faculdade tinham muitas coisas invejáveis. Eram bonitos, inteligentes e tinham cabelos brilhantes. Sabiam fazer piadas usando o latim que tinham aprendido na escola secundária. Usavam calças de veludo *côtelé* e malhas cor de sorvete com âncoras, baleias e patos estampados, e sabiam virar a gola da camisa pólo deixando-a mais alta atrás e com as pontas caídas na frente.

A vida da maioria de meus colegas parecia cheia de opções. Nos feriados, podiam escolher: esta casa ou aquela? Praia ou montanha? Flórida ou Maine? Meu futuro namorado de faculdade, que se tornaria meu marido, fora criado em Nova York e tinha uma segunda casa em The Hamptons,* que, estranhamente, ele chamava de "campo".
— Vou para o campo ver meus velhos — ele dizia. Essa vida no campo incluía muitas lojas elegantes, um iate clube exclusivo e um ainda mais exclusivo tênis clube. Parecia muito mais uma extensão da Madison Avenue.

---

* The Hamptons é a região que abrange as cidades litorâneas de Southampton e East Hampton, no Estado de Nova York, onde muitos ricos têm casas de veraneio. (N. da T.)

Infelizmente para mim, quanto mais eu conhecia esse estilo de vida com que sonhara a maior parte da minha vida, menos eu o desejava. Quando meu marido me levou para conhecer sua família na sua bela casa em The Hamptons, eu já estava mais do que consciente de minhas muitas deficiências. Eu não era alta como devia, nem bem-vestida, nem dotada de uma beleza capaz de ser notada por pessoas que notam essas coisas. Eu falava demais, mas não sabia conversar sobre os assuntos que dominavam suas conversas: propriedades, assassinatos insolúveis na alta sociedade, encontros com astros de cinema e vela. Eu praticava o esporte errado: *softball* em vez de tênis. Punha os pés sobre a mesinha de café e, quando bebia um pouco a mais, ria muito alto. Além disso, eu suava. E não era aquele tipo de suor orvalhado, mas aquele suor de trabalhador que deixa manchas debaixo dos braços. Quando meu casamento terminou, meu único consolo era não ter mais que encarar aquela maravilhosa vida no "campo".

Só mais tarde percebi que não inspecionara com cuidado minha casinha em Freeville antes de comprá-la, embora, ao entrar, eu e Emily tenhamos percebido a presença de certos elementos de uma casa, como portas, uma escada, banheiro e pia. O inspetor oficial de edifícios disse que ela estava surpreendentemente "sólida" para uma construção da sua idade (fora construída em 1900) e que, a não ser pelo fato de a varanda estar adernando em direção à entrada de carro e ameaçar se soltar, a casa propriamente dita estava basicamente segura. A construção, que media cerca de duzentos e setenta metros quadrados, tinha uma sala principal com cozinha conjugada e um banheiro completo no andar inferior; e três quartos pequenos e um lavabo no andar de cima. Os atuais proprietários, dois sujeitos que a tinham comprado quando eram estudantes na faculdade comunitária, tinham estripado a casa e depois juntado os pedaços nos anos 1980. Seu trabalho refletia o que parecia ser o gosto e a habilidade de dois rapazes que tinham frequentado, mas não necessariamente sido aprovados, as aulas de carpintaria da escola secundária.

Os aspectos negativos eram principalmente cosméticos. Os estudantes-proprietários tinham feito todo o trabalho por conta própria, usando materiais que pareciam ter caído de um caminhão que passara pela cidade em direção a um cassino de Atlantic City. Um carpete de náilon rosado de cinco centímetros de altura cobria quase todos os cômodos, até a escada que levava aos quartos, também totalmente acarpetados. Infelizmente, devido à pequena altura dos degraus da escada centenária, o espesso tapete reduziu a superfície de cada degrau em cerca de dez centímetros. Com isso, a escada deixou de ser um lugar seguro para os pés e se transformou em um íngreme tobogã. Em nossa primeira visita, o corretor da imobiliária, Emily e eu, um depois do outro, perdemos o pé e rolamos escada abaixo — ganhando cada vez maior velocidade e produzindo níveis alarmantes de eletricidade estática até aterrizar com uma pancada no revestimento de cerâmica rosa que tinha sido colado ao piso ao pé da escada.

— Acho que esta escada é de carvalho! — disse o corretor, esfregando as costas.

Os proprietários tentaram dar mais classe ao lugar instalando ventiladores de teto em estilo vitoriano em todos os cômodos. Na sala maior do térreo, eles contribuíram para dar ao ambiente um ar de bordel, e no andar superior — onde o teto era baixo e os quartos bem menores do que seria normal — os ventiladores mais pareciam instrumentos de tortura. Em um quarto de dois metros e meio por três, eu tremia de medo, me encolhia e tinha vontade de confessar crimes que jamais cometera cada vez que a lâmina de plástico passava, ameaçadora, um palmo acima da minha cabeça. — Quando estiver deitada na cama, nem vai perceber isso. É uma deliciosa brisa, se pensar bem — disse o corretor. Tentei não pensar bem.

A cozinha tinha um piso de ladrilhos rosa, armários de compensado imitando carvalho e uma mesa de fórmica bege. Como se o espaço não fosse bastante pequeno, os estudantes-construtores, evidentemente querendo deixá-lo ainda mais aconchegante, rebaixaram o teto e esconderam atrás dele o encanamento e a fiação, ignorando o perigo de água + eletricidade. Eu tremia só de pensar no que estava por trás daquele frágil teto falso. As paredes e o teto tinham sido pintados.

— Que cor é esta? — perguntei ao corretor.

— Canela. Ou marrom. Não, acho que é canela — ele respondeu.

— Até onde sei, tudo aqui foi construído segundo o código de obras — ele acrescentou, querendo ser útil.

Olhando pela janela da cozinha, via-se um pequeno quintal coberto de ervas daninhas, que terminava abruptamente à beira de um barranco que levava ao Fall Creek, que corria ali atrás. De onde eu estava, não enxergava o riacho, mas podia senti-lo.

Eu seria proprietária de uma residência à beira-rio.
Minha Kykuit.

Me despedi do corretor e, depois que ele trancou a casa e partiu, sentei-me com Emily no degrau da varanda, olhando o trânsito na Main Street. Expliquei a ela que, se comprássemos a casa, teríamos um canto só nosso quando viéssemos a Freeville, mas continuaríamos morando em Washington.

— E então, querida, o que você acha de comprarmos esta casa? — perguntei.

Ela olhou em volta, pensativa.

— Posso pintar meu quarto de azul?

Claro que podia.

— Vamos ter móveis?

— Vamos encontrar alguns em algum lugar.

Tia Millie, nossa vizinha, chegou e acenou para nós: — Alô-ô-ô!

No dia em que fechei o contrato, minha mãe, tias Millie e Lena, tio Harvey e os primos Nancy e Lorraine apareceram em casa. Como moravam todos na Main Street, puderam dar a desculpa de que estavam passando por acaso quando nos viram, Emily e eu, à porta com o corretor de imóveis. Então, decidiram esperar na varanda da frente até que eu e o corretor terminássemos a transação. Depois, todos tinham uma opinião sobre o que eu deveria fazer na casa:

— Não seria ótimo pintá-la de pêssego ou de lavanda?

— A cerca da varanda é muito esquisita, você não acha?

— Você com certeza vai cortar essa abominável bétula diante da casa, porque todo mundo sabe que as bétulas são árvores próprias para shopping centers e pátios industriais. Um bordo é muito mais adequado.

Com todos eles reunidos na varanda, bati uma foto de família. Depois, eles formaram um grupinho diante da porta e esperaram pacientemente para entrar. Com certa cerimônia, o corretor me entregou as chaves. Pedi licença, atravessei pelo meio do grupo, abri a porta de tela e destranquei a porta de minha nova casa — imediatamente, a porta de tela soltou-se das dobradiças e despencou. E fiquei com a maçaneta na mão.

— Vai ser fácil consertar isso; bastam alguns parafusos e você vai colocá-la no lugar — disse o corretor, voltando rapidamente para o seu carro.

Emily e eu só passamos nossa primeira noite na casa nova dois meses depois da compra. Como naquele ano o Halloween caiu num fim de semana, saímos de Washington bem cedo de manhã e chegamos a Freeville quando a noite começava a envolver a cidade. Numa prévia do rigoroso inverno que viria, os ventos arrancavam as folhas das árvores, fazendo-as rodopiar pela Main Street. No outono, Freeville parecia o cenário do filme *A lenda do cavaleiro sem cabeça*. Os campos dourados de milho davam lugar a frágeis talos que mais pareciam ossos, e as árvores se despiam das folhas, expondo seu esqueleto contra o céu noturno. Para os moradores de Freeville, Halloween era uma festa especial: excitados, eles decoravam as casas com caveiras de papel, lanternas de abóbora e enfeitavam as árvores com luzinhas coloridas.

Quando descia a Main Street, vi que, como sempre, meu vizinho Bill tinha se preparado para a noite: cavara uma sepultura no jardim e colocara sobre ela uma lápide torta. Todos os anos, na noite de Halloween, quando as crianças batiam à sua porta para assustá-lo e pedir doces, eram recebidas com o som horripilante de *The shepherd and the hounds of hell** que vinha de dentro da casa. Quando a música acabava, a porta se abria de um golpe e Bill aparecia vestido como Jack Nicholson em *O iluminado*: camisa de

---

* Literalmente, "O pastor e os cães de guarda do inferno", nome do CD da banda norueguesa de *black metal* Obtained Enslavement. (N. da T.)

flanela xadrez, *jeans* e suspensórios, grandes círculos pretos ao redor dos olhos e traços de falso sangue. Trazia um machado nas mãos.

— Alguém viu minha mulher? — ele perguntava, ameaçador, agitando o machado em direção ao túmulo no jardim. O gesto apavorante, uma alusão ao filme, seria mais adequado a um público maduro, mas, mesmo sem ter essa referência, as crianças, que tinham em média cinco anos, saíam correndo, assustadas, para a próxima casa, deixando cair os doces no caminho e perseguidas por Bill, ansioso por lhes pedir desculpas.

Assim que chegamos em casa, liguei o aquecedor, rezando ao deus guardião dos porões para que o aparelho funcionasse. Não queríamos explodir em uma bola de fogo provocada por um vazamento de gás. Como ainda não tínhamos um sofá, esperei que o aparelho aquecesse debruçada no peitoril da *bay window* mais horrorosa que podia existir no mundo e observei a rua.

Em poucas semanas como proprietária, aprendi que praticamente qualquer trabalho de melhoria da casa custava mil dólares. Não importava o que fosse, grande ou pequeno, custava sempre mil dólares. Recolocar a porta de tela que se soltara na minha mão no primeiro dia? Mil dólares. Fixar a cerca da varanda? Mil dólares. Nesse passo, levaria no mínimo vinte anos para deixar a casa menos feia. Tentei não me aborrecer, e depois decidi não me aborrecer, mas a verdade é que me aborrecia. Não havia o que fazer.

Cansada da longa viagem, naquele dia eu me perguntei se não fora loucura me envolver na compra de uma segunda casa quando não tinha nem a primeira. Qual seria a merecida punição pela minha "mania de grandeza"?

Emily subiu cuidadosamente a escada perigosa e entrou no seu quarto vazio a ponto de provocar eco para vestir sua fantasia. Todos os anos minha irmã Anne fazia a fantasia de Halloween de Emily, seu presente de aniversário. Nesse ano ela era Branca de Neve. Nas duas últimas semanas, todos os dias, depois da escola, Emily fugia para o seu quarto e emergia toda fantasiada. Naquele anoitecer, esperei que minha filha se transformasse na personagem de Disney.

A Main Street começava a se encher de princesas e pequenos Power Rangers. Pensei em apagar a luz da varanda para não ter que distribuir os doces, mas acabei descobrindo que a luz não funcionava mesmo (mais mil dólares). Portanto, não precisava me preocupar com isso. Depois das visitas para ganhar doces, Emily e eu nos reuniríamos a minha mãe e minhas tias na varanda de meu primo Jan para contar nossos doces e assistir ao desfile de crianças voltando para casa, enquanto os mais velhos começavam a mergulhar na noite.

O clima de terror de Halloween sempre me agradou. Eu tinha um fraco por histórias inacreditáveis, lendas e mentiras assustadoras de todos os tipos. Quando meus sobrinhos eram pequenos, eu lhes contava histórias sobre a fúria assassina de ursos e lobos selvagens, condenados em fuga, armazéns mal-assombrados, mulas sem cabeça, Capitão Gancho, João Bafo de Onça e o monstro do Fall Creek. Num verão, quando Railey recebeu amiguinhas em casa para comemorar seu aniversário e as meninas passaram a noite em barracas armadas no jardim, apareci para lhe desejar feliz aniversário e disse:

— Vocês vão mesmo dormir aqui fora? Imagino que vocês não viram o jornal de hoje. Mas não há por que se preocupar. Nem pensem mais nisso.

Railey estava mais do que acostumada com minhas cenas de terror e nem ligou. Mas uma menina mordeu a isca.

— O que foi? O que foi que saiu no jornal?

— Ah, não é nada. Com certeza a essa altura já os pegaram.

— Pegaram? Pegaram quem?

— Ah, vocês não sabem mesmo? Houve uma fuga da penitenciária estadual de Auburn, mas não se preocupem. Foram todos apanhados. Bom, quase todos. Ainda há um ou dois soltos por aí.

Tentei parecer despreocupada. Railey suspirou e disse, num tom entediado:

— Não me diga que o cara tem um gancho no lugar da mão, tia Amy.

— Ah, então você *ouviu*? Na verdade, ele tem *mesmo* um gancho no lugar da mão, e sei que ele foi criado aqui pelas redondezas, mas não quero que vocês fiquem nervosas. Desculpem-me ter tocado no assunto. Boa noite e divirtam-se!

No verão seguinte, com as meninas de novo reunidas nas barracas, eu e Emily nos esgueiramos pelo jardim depois do anoitecer e arranhamos a parede de uma tenda. Era uma manifestação física do homem-gancho. Ouvimos uma vozinha lá dentro:

— Silêncio! Calem a boca! Vocês não ouviram um barulho?

Seguiu-se uma gritaria.

Parece que as crianças não querem mais ser assustadas no Halloween. A escola de Emily baniu o costume por considerá-lo "atemorizante", e por isso o desfile de fantasias daquele ano resumiu-se a uma sucessão de animados Bill Clintons e levadas Monica Lewinskies — e um garotinho vestido como agente do serviço secreto, com *blazer* azul, gravata listrada e fone de ouvido.

Eu esperava que Emily tivesse pelo menos uma noite de Halloween durante sua infância, uma noite na qual pudesse caminhar com as próprias pernas, longe de minha mão protetora. Queria que ela estivesse em um lugar onde se sentisse suficientemente segura para reagir ao susto.

— Querida, é melhor você se apressar. Está ficando escuro! — chamei. Emily disse que já estava descendo. Ouvi a porta do quarto se abrir.

— Tome cuidado com a esca…! — gritei, mas era tarde demais. Ela já tinha escorregado no primeiro degrau e deslizava, sentada, pela escada, uma Branca de Neve em miniatura lançando partículas de eletricidade estática em uma casinha nada encantada.

Apanhei-a na base da escada.

— Ai, meu Deus! Você está bem? — perguntei, e comecei a examiná-la para ver se não tinha se machucado. Aparentemente, tinha apenas um pequeno arranhão provocado pelo atrito contra o carpete. Não estava chorando, nem parecia prestes a chorar, mas estava furiosa. De repente, senti uma certa pena do meu vizinho Bill. Eu desconfiava que naquele ano Branca de Neve podia lhe dar um chute no traseiro.

Alisei o vestido azul e amarelo da Branca de Neve.

— Está tudo bem. Vamos fingir que fez parte da brincadeira de Halloween. Agora vamos fazer nossas visitas. Temos umas pessoas para ver, e alguns fantasmas também: Uuuuuuu! — Imitei o ruído de assombração que o Gordo e o Magro, e depois Scooby-Doo, popularizaram. Ela não achou a menor graça e me lançou um olhar de raiva. Quase cheguei a ver pequenos relâmpagos faiscando em seus olhinhos negros como carvão.

Saímos pela porta da frente. Será que devia trancá-la? Ponderei minhas opções. Vândalos podiam entrar na casa, espalhar papel higiênico por todos os cômodos ou roubar meu.... o quê? Eu não tinha nada. Se tivesse sorte, alguém podia entrar para roubar o resto do carpete. E, se a sorte fosse maior ainda, talvez os caras trouxessem suas ferramentas e levassem os armários da cozinha.

Caminhamos pela entrada de carros. O vento chacoalhava os ramos das árvores. Um calafrio me percorreu a espinha.

— Você sentiu? — perguntei a Emily.

— Sentiu o quê?

— Acho que não foi nada.

— Você está tentando me assustar de novo com o cara que tem um gancho em vez da mão? — ela perguntou, cética.

— Cale a boca e segure meu gancho. Quer dizer, minha mão.

Cinco

Menino Jesus de amendoim

Encontrando Deus numa comunidade de fé e caçarolas

Quando o vi pela última vez, o Menino Jesus de amendoim estava confortavelmente deitado em sua manjedoura de papelão, enrolado em um pedaço minúsculo de papel. Voltei-me por um instante para evitar que um bando de garotos pusessem o tampo de um jogo de futebol de mesa entre os Reis Magos e Maria e José.

Admito que devia ter previsto o que aconteceu em seguida. Em cinco anos como professora da escola dominical de nossa igreja em Washington para crianças de oito e nove anos, eu já tinha enfrentado muitas travessuras pré-adolescentes em nossos trabalhos de artesanato com a Sagrada Família. Fiquei experiente na arte da "oportunidade educativa":

— Você tem razão, Stewart. A Virgem Maria tem mamilos. E então, classe, por que a Virgem Maria tem mamilos? Alguém sabe? Porque ela era uma mulher. E mãe também. Alguém sabe de quem ela era mãe? Não?

Depois de meu pequeno monólogo aristotélico, dirigido a todas aquelas carinhas limpas onde estava estampado um sorrisinho forçado, eu tinha vontade de sair gritando para a rua, chamar um táxi e ir até o bar mais próximo. Mas aí eu me dava conta de que eram dez e quinze de uma manhã de domingo e, se tivesse sorte de encontrar algum lugar aberto, provavelmente estaria lotado de rejeitados das escolas dominicais como eu — e a última coisa que eu queria naqueles momentos era beber com companheiros de infortúnio.

Minha classe tinha cerca de quinze crianças, que, depois do serviço religioso das nove da manhã, se dirigiam ao prédio da escola, enquanto os pais saíam para um café ou um *brunch* rápido. Nossa aula semanal de noventa minutos misturava lanches, histórias, orações e trabalhos de artesanato. Eu ficava feliz quando as crianças podiam levar para casa algo que tínhamos imaginado e realizado juntos para ilustrar as passagens da Bíblia que líamos em classe. Quando tratávamos do Velho Testamento, por exemplo, em meia hora podíamos montar bigas feitas de caixas de leite e dirigidas por filisteus feitos de prendedores de roupa. Nossa Arca da Aliança de palitos de sorvete ocupou duas aulas, mas porque a cola precisava secar.

Nosso mais glorioso e elaborado trabalho de artesanato, porém, era o presépio. Mostrava um estábulo feito de uma caixa de cereal, cheio de carneirinhos de algodão, camelos de cartolina, tendo ao centro a Sagrada Família, que construíamos com rolos de papel higiênico. A peça principal do presépio era o Menino Jesus — um amendoim com casca, enrolado em um pedacinho de papel e deitado em uma manjedoura de cartolina.

Meus alunos participavam da manufatura do presépio cortando, colando e conversando sobre o sentido do Natal. Depois, juntávamos as peças de nosso presépio e relembrávamos a história milagrosa do nascimento de Jesus. E então eles partiam para a atividade favorita da classe, que era fazer bagunça.

Naquele dia, quando virei as costas, ouvi o conhecido ruído de uma casca de amendoim se partindo. Um fraco perfume da essência do amendoim escapou, como um sopro de vida orgânica libertado no ar sufocante do porão onde ficava nossa sala de aula. Quando olhei de novo para o presépio, a manjedoura estava vazia. Ajoelhei-me para olhar Wyatt West cara a cara. Ele usava sua roupinha dominical: calças curtas de algodão, *blazer* azul-marinho da Brooks Brothers* sobre uma camisa azul-celeste e gravatinha presa por um clipe. Como muitos meninos da classe, Wyatt parecia um congressista em miniatura em visita a um eleitor. Segurando duas metades vazias de amendoim, ele me olhou com a cara mais lavada e perguntou:

— O que foi? — Tinha ainda uma casquinha de amendoim pendurada no canto da boca.

— Você comeu o Menino Jesus? — perguntei.

— Esse era Jesus? Pensei que era José.

Decidi ignorar a implicação de que não havia problema comer o amendoim desde que fosse José e fui direto ao assunto.

— Não. José é o pai. Classe, quem é José?

Peguei o bonequinho que representava José. Tinha o corpo feito de um rolo de papel higiênico vazio, ao qual tínhamos colado tecido e fios de linha. Os olhos eram dois feijões, e a boca, um pedacinho de macarrão. Usamos pequenas abas de cartolina para fazer as mãos e os pés.

— Este, meus queridos, é José — expliquei. Ele parecia exatamente o que era: um rolo de papel higiênico travestido. RuPaul vestido de Charmin.**

---

* Tradicional casa de roupas masculinas, fundada em Nova York em 1818. (N. da T.)

** RuPaul, nascido Andre Charles, é uma famosa *drag queen* americana, e Charmin, uma marca de papel higiênico. (N. da T.)

Mais tarde, quando voltava de carro para casa, repassei os acontecimentos da manhã e perguntei a Emily, como sempre fazia, onde tinha errado. Como era uma aluna aplicada e prestativa da quinta série, e sabia recitar de cor os nomes dos livros do Velho e do Novo Testamento em trinta e seis segundos, achei que ela podia ter uma ideia do que acontecia com a minha classe.

— Mamãe, crianças da segunda série são idiotas, principalmente os meninos. São completamente retardados. E têm boca suja. Você não ouviu o jeito como eles falam? Sinceramente, não sei por que você se preocupa.

— Muito obrigada — eu disse. — Foi de grande ajuda.

Eu tinha consciência de que o programa educacional da escola dominical de nossa igreja era eficiente, mas os alunos da minha classe aprendiam alarmantemente pouco. Às vezes eu me perguntava por que eles continuavam vindo às aulas, semana após semana. Naturalmente, crianças da segunda série não têm autonomia para escolher suas atividades. Como Emily, aquelas crianças vinham à igreja porque era o que tinham que fazer aos domingos. Era como ir à aula de balé ou ao treino de futebol. Vinham trazidas pelos pais.

Na semana seguinte, levei minhas preocupações ao conhecimento do reitor de nossa igreja, o reverendo Kenworthy.

— Não sei se as crianças estão aproveitando as minhas aulas — disse.

— Você está lá todas as semanas, e essa é sua missão — ele disse. Como um sábio que responde a uma pergunta com outra, ele se esquivava de minhas preocupações elogiando minhas intenções. Missão? Eu não pensava assim.

Comecei a lecionar na escola dominical quando Emily estava no jardim de infância, pouco depois que começamos a frequentar a Igreja Episcopal Cristã no sofisticado bairro de Georgetown. Eu queria ter um lugar aonde pudesse ir com Emily nas manhãs de domingo, que me provocavam um sentimento de autopiedade e muita saudade de casa — um tedioso e triste vazio, que eu só sabia preencher com a igreja. A igreja que escolhi era da doutrina episcopal tradicional, que priorizava o ritual, a autoridade do clero e o sacramento, e seu belo interior gótico exalava a fragrância do incenso. Quando estudava em Georgetown, eu procurava essa igreja sempre que precisava de um refúgio protestante contra o catolicismo da minha universidade. Cenas de O exorcista foram filmadas em seu pequeno jardim lateral, e certas manhãs, enquanto eu me demorava no jardim durante o intervalo, imaginava Jason Miller, intenso e ameaçador, afastando Satã e cercado pela equipe do filme.

Fui criada em um lar carola, mesmo que não religioso, e ir à igreja era um hábito de infância que nunca achei correto abandonar. Só deixei de ir à igreja regularmente em meados dos anos 1980, quando eu e meu marido morávamos em Nova York. Nessa época, nossos domingos eram totalmente devotados ao ritual nova-iorquino de ler o Times e fazer compras. Quando nos mudamos para Londres e o emprego de meu marido o eliminou da equação domingueira, vez ou outra, sempre sozinha, eu entrava na pequena igreja anglicana que ficava na linda pracinha em frente ao nosso apartamento.

Foi nessa igrejinha londrina que Emily passou sua primeira noite de Natal, presa a mim em um "canguru", soluçando baixinho de solidão (meu marido estava viajando), enquanto eu acompanhava o serviço religioso à luz de velas e me perguntava o que minha família estaria fazendo em Freeville, do outro lado do mundo. Ela estava com dois meses e sua família ainda não a conhecia.

Eu queria que Emily conhecesse Deus. Pretendia fazer as apresentações e ficar por perto por um tempo para ver se aqueles dois estranhos entabulavam uma conversa cordial. Queria ser como a anfitriã de uma festa: não queria forçar um relacionamento, mas, assim que duas pessoas começassem a conversar, poderia desaparecer em silêncio, esperando que a relação engrenasse.

Nesse mesmo ano, em janeiro, partimos os três para os Estados Unidos para batizar Emily na igreja metodista de Freeville. Como na maioria das vezes que saímos juntos durante nossa breve vida familiar, eu era a guia e meu marido o turista, afastado da experiência, mas disposto a fotografá-la. Ele era um cronista nato, acostumado a olhar a vida através de uma lente. Naturalmente, como quase sempre estava tirando a foto, acabava perdendo a paisagem. Nossos álbuns de fotografias eram principalmente registros de mãe e filha brincando ou passeando juntas, uma antecipação de nossa vida futura.

A igreja de minha cidade natal, vizinha à escola elementar na Main Street, sempre fora um dos meus lugares preferidos. Como tudo o mais em Freeville, com o tempo nossa igreja tinha se tornado uma versão exagerada de si mesma. Em janeiro, coberta de neve, parecia uma daquelas igrejinhas brancas da Nova Inglaterra que aparecem nas pinturas de Grandma Moses,* mas, como muita coisa na cidade (inclusive seus habitantes), de perto via-se que estava bem desgastada. Com o tempo, a umidade corroera as junções das calhas de alumínio, que agora pareciam lágrimas

---

* Anna Mary Robertson (1860-1961), famosa pintora primitivista americana, conhecida como Grandma Moses, "Vovó Moses", por ter iniciado sua carreira em idade avançada. (N. da T.)

de ferrugem escorrendo pela fachada. No toldo, lia-se a mensagem daquela semana: "Volte para Jesus".

No interior, a pequena nave abre caminho para o afeto caloroso do santuário, envolvido em lambris de madeira polida. De seu lugar, no alto, perto do altar, Jesus contempla com bondade a congregação. A imagem de Jesus, reproduzida nos anos 1950, já está um tanto desbotada. Na pose e na composição, parece muito as fotos de um anuário de formatura da escola secundária. Jesus exibe um sorriso triste, olhos muito azuis, a barba aparada e cabelos castanhos caindo sobre os ombros. Parece inteligente e gentil. É definitivamente o orador da turma.

Quando era pequena, para escapar à chatice do culto dominical, eu me sentava num daqueles bancos e ficava balançando as pernas e criando minhas fantasias. Olhava para a imagem de Jesus e pedia que ele me livrasse do mal — e do tormento do sermão. Fosse por intervenção divina ou por sorte, eu era poupada das duas coisas.

Em Freeville, a igreja metodista não é apenas um local de culto, mas o lugar onde as coisas acontecem. É como uma prefeitura, uma casa de espetáculos e um bufê de festas ao mesmo tempo. A congregação cumpre um ambicioso calendário, composto não só nem necessariamente dos dias santos, mas de refeições comunitárias, churrascos, festivais, feira de trocas, apresentações de peças curtas, concertos de hinos e cantatas.

Muitas de nossas reuniões giram em torno de cozidos, tortas, aves e qualquer legume servido com molho branco, ou uma sopa Campbell de cogumelos com pedacinhos de queijo *cheddar* e bolachinhas salgadas. A cozinha da igreja é comandada por um grupo de voluntárias que preparam e servem as refeições com as quais alimentamos nossa fé.

São mulheres comprometidas com um ministério de queijo *cheddar* da mais alta ordem.

Entre as senhoras da cozinha estão minhas três tias: Lena, Millie e Jean. Usam um avental sobre seus vestidos domingueiros e exibem a face gotejada do vapor que se eleva das imensas panelas onde preparam suas especialidades: purê de batata, purê de abóbora, pernil cristalizado e o lendário churrasco da igreja.

Nos últimos cinquenta anos, um pequeno comitê de homens se reúne todos os sábados no fim da tarde para o tradicional churrasco. Eles dispõem o carvão numa cova no chão e acendem o fogo. Por volta das oito da noite, com o carvão em brasa, alinham dezenas de frangos cortados ao meio sobre a imensa grelha e vão borrifando-os com molho vinagrete. Uma hora depois, os frangos estão no ponto e o aroma do vinagre espalha-se pela cidade.

Quando eu era criança, ao primeiro sinal de fumaça, montava na minha bicicleta e ficava rondando por perto, ouvindo os homens conversarem sobre frangos, trabalho, mulheres e filhos, e sobre o que precisava ser feito para que o velho prédio da igreja resistisse a mais um inverno. Eu gostava de ouvir a conversa dos homens, porque nunca vira meu pai no churrasco — nem na igreja. Eram homens da sua idade, mas diferentes. Eram gentis, bem-humorados e tolerantes, enquanto meu pai era rude, imprevisível e dono da verdade. Eu admirava a devoção que eles demonstravam naquele lento processo de assar os frangos.

O dinheiro arrecadado era usado para financiar um novo telhado para a escola dominical ou investido num fundo para mandar as crianças para o acampamento de férias da igreja.

A igreja sempre foi o local onde os membros da minha família cantavam juntos. Minha mãe, minhas tias, irmãs, primos e eu fomos dotados pela natureza de uma afinação que poderia ter feito de nós bons cantores, mas, infelizmente, apesar do talento e de um exibicionismo natural, nos faltava ambição.

Eu e minhas irmãs cantávamos no coro juvenil, e mamãe, minhas tias e meus primos participavam do coral adulto. Duas vezes por ano, geralmente no Natal e na Páscoa, nós nos reuníamos em uma convergência harmônica que me provocava calafrios na espinha. Ouvindo os hinos tradicionais da Igreja Metodista, como o *There is a balm in Gilead*, as vozes de minha mãe, tias, irmãs e primos em perfeita harmonia me transportavam para longe do meu corpo.

Foi a harmonia genética da minha família que me introduziu na misteriosa comunidade de fé e caçarolas e fez de mim uma crente. Com certeza Deus me uniu à minha família naquele lugar e nos vestiu de túnicas vermelhas flamejantes para cantar *The angel rolled the stone away* em harmonia celestial por uma razão. Ele. Ela. Existe.

Para seu batizado em Freeville, Emily, com apenas três meses, vestiu uma camisola longa branca no estilo vitoriano, mais um presente de Rachel. Diante de minha família (minha mãe, irmãs, tias e primos, sentados em seus bancos habituais) e do resto da pequena congregação, o pastor espargiu água benta, ungiu com óleo e passou uma vela acesa sobre a cabecinha de Emily. Em seguida, a congregação renunciou ao demônio e prometeu ser testemunha da vida espiritual de minha filha.

De onde eu estava, ao lado da pia batismal, olhei para a congregação reunida e senti o conforto de saber que quase todas aquelas pessoas tinham estado presentes para testemunhar o meu batismo. Para o bem e para o mal.

Depois do batizado, posamos todos juntos diante da igreja coberta de neve. O presépio montado para o Natal ainda estava lá, e colocamos a nenê por um momento na palha da manjedoura vazia e demos um passo atrás para observar a cena. Lembro que desejei que ela fosse abençoada com momentos de graça e que levasse com ela a marca espiritual daquela comunidade de fé e caçarolas na qual acabara de ingressar.

À medida que Emily crescia, quis que ela conhecesse e participasse dos antigos rituais que sempre tinham me dado tanto conforto. Nossa vida, bifurcada entre a cidade e o interior, também se dividia espiritualmente. Em Washington, rezávamos pelo Livro de Oração Comum e celebrávamos os dias santos com cerimônias especiais e comunhão. A liturgia episcopal era bela, cerebral e imutável. A congregação era formada principalmente por luminares de Washington: subsecretários de Estado, funcionários do Departamento do Tesouro e outros notáveis — entre eles, vez ou outra, George e Barbara Bush e sua escolta do serviço secreto.

Em Freeville, o culto se baseava na leitura das prédicas metodistas, mas variava radicalmente de uma semana para outra de acordo com os últimos acontecimentos locais. A parte mais popular do culto metodista era dedicada às "alegrias e preocupações", quando qualquer membro da congregação podia se levantar, abrir seu coração e pedir orações. Muitas vezes, essa parte escapava ao controle, dominando todo o culto. O pastor corria de um lado a outro da igreja, passando o microfone aos fiéis para que eles pudessem expressar seus sentimentos:

— A dor das costas de minha mãe piorou muito e por isso ela vai ter que fazer uma cirurgia em Syracuse.

— O chefe de Donny diz que a firma vai precisar fazer demissões. Não sabemos o que vai acontecer.

— Logo depois do Natal, viajaremos para a Flórida para ver nossos parentes. Pediremos que rezem por uma boa viagem.

— Papai está piorando e eles acham que dessa vez pode ser nos rins.

— Obrigado, mas não preciso de microfone. Quero gritar que o time júnior da faculdade está muito mal este ano, mas que o time principal perdeu outra vez na sexta-feira. A defesa não agarrou nada.

— Estou muito feliz de ver Amy e Emily de volta. Quase não reconheci Emily. Ela está tão alta! Espero vê-las no coro enquanto elas estiverem aqui.

Era como a menor estação de rádio do mundo transmitindo as notícias de uma comunidade muito particular. Muitas das manchetes relatavam problemas de vesícula, procedimentos cirúrgicos e a espera de resultados de exames. Algumas notícias eram tristes, e havia as verdadeiramente trágicas, mas a congregação também partilhava seus triunfos: novos empregos, novos netos ou a grande colheita de abobrinhas daquele ano. Naquele momento, a comunidade comunicava o que era importante, pedia e recebia orações. Era o intercâmbio mais honesto e justo que já testemunhei.

Ainda sofrendo a perda do Jesus de amendoim, Emily e eu colocamos as malas no carro e partimos para o norte, onde nos reuniríamos à comunidade metodista de Freeville. Deixávamos para trás a igreja da cidade grande, com seus ministros bem preparados, sua importância histórica, suas fartas doações, seus muitos projetos de assistência e sua ligação com *O exorcista*, e voltávamos para casa, para uma cidade que não praticava muito a comunhão, mas que conhecia muito bem o sentido de comunidade.

Na noite de Natal, Emily trabalhou no comitê de iluminação, ajudando a instalar as lanternas ao longo de toda a Main Street. Eram lanternas feitas de garrafas plásticas de leite cheias de areia e cortadas para conter uma vela. Durante o dia, essas garrafas colocadas de metro em metro sobre os montes de neve nas margens da rua pareciam restos de um dia dedicado à reciclagem. Mas à noite, com o brilho das velas, iluminavam o caminho que levava à igreja. A cerimônia de Natal, quando a igreja se enchia das famílias e crianças irrequietas, terminava como sempre: as luzes eram apagadas e cantávamos Noite feliz à luz das velas. Nessa hora, o silêncio era total.

Saímos da igreja em silêncio. Na Main Street, as lanternas ainda brilhavam. Emily sussurrou: — Mãe, olhe lá fora...

Do outro lado da rua, sob a barraca que protegia a cova do churrasco, vários membros da congregação formavam um presépio vivo. Os três Reis Magos usavam roupões de banho amarrados na cintura e panos de prato enrolados na cabeça. O vestido de Maria era de um encantador azul-real. Com os cabelos escondidos sob um lenço, ela lançava um olhar cheio de amor para uma boneca de plástico aninhada na manjedoura. Duas ovelhas pintadas sobre compensado pastavam em primeiro plano.

Até esse momento, eu nunca entendera o propósito de um presépio vivo, cujo objetivo não é representar a história do nascimento de Cristo, mas retratar a cena em um quadro estático, mas vivo. Vestidos em seus roupões e panos de prato, meus vizinhos eram uma versão em tamanho natural de meu presépio na caixa de cereal.

— Mãe, olhe, o senhor e a senhora Eggleston. O que eles estão fazendo? — ela sussurrou. Sussurrei em resposta que eles ficariam ali até meia-noite, aguardando o milagre de Natal, como todos os crentes faziam naquela noite.

— Você acredita em milagres? — perguntei a Emily.

— Bom, eu rezei para ganhar uma coisa — ela respondeu.

Lembrei sua modesta cartinha a Papai Noel, que incluía patins de gelo, um trenó, bastões de esqui e um kit completo da boneca American Girl, que estava fora de estoque, como descobri quando tentei comprá-lo — uma sorte, já que não podia pagar aquele preço.

— O que você quer ganhar, querida? — perguntei, desejando que fosse um jogo Monopólio, agulhas de tricô e a clínica veterinária Polly Pocket, que eu já tinha comprado.

— Rezei para cair neve.

— Ah, é um belo presente de Natal.

Imediatamente, olhei para o céu e vi o vapor da minha respiração flutuar em uma coluna de condensação. Uma nuvem encobriu temporariamente a lua, mas a noite estava clara e cheia de estrelas.

Olhei para Sue e Keith Eggleston, vestidos como Maria e José. Estavam tão imóveis quanto as ovelhas de compensado, tentando contar em carne e osso uma história ancestral. Os carros que desciam a Main Street transportando os consumidores de última hora avançavam lentamente, varrendo a cena com seus faróis.

Lembrei do que o reverendo Kenworthy dissera sobre a minha missão. Há aqueles que pregam do púlpito, comovendo as pessoas para levá-las à crença ou à ação. Outros, como nossos vizinhos em Freeville, servem a Deus partilhando suas alegrias e preocupações, cozinhando ou postando-se imóveis no frio da noite para demonstrar sua fé à comunidade. Tínhamos todos algo em comum: o desejo de testemunhar, de ser testemunha de outros e de aguardar pacientemente um milagre. Eu tinha apresentado Emily a Deus. Mais tarde, ela saberia que, quando as preces não são atendidas, aprendemos a mudar nossos pedidos. Aprenderia que a fé, como as estações, vai e vem. Eu sabia que voltaria a Washington, à minha classe de pequenos sabichões, e tentaria mais uma vez.

Emily e eu já tínhamos nos juntado à família, observando em silêncio o presépio vivo, quando os primeiros flocos de neve começaram a atravessar a escuridão da noite de Natal.

Seis

Animais na cozinha

As muitas utilidades dos gatos

Não posso dizer que tenha jeito com animais, mas parece que eles sempre encontram um jeito de se meter em meu caminho. Quando olho nos olhos de praticamente qualquer animal — selvagem ou doméstico —, o que vejo é uma criatura que vai encontrar uma maneira de me vencer e depois esmagar meu cadáver sob suas patas, cascos ou nadadeiras.

Minha primeira decepção veio na forma de uma vaca Holstein de meia tonelada. Chamava-se Shirley e, até o dia em que tivemos que abatê-la e comê-la, era uma boa vaca. Era bonita e útil, e eu a amava.

Shirley vivera a última década de sua vida na nossa fazenda, junto com um rebanho de cinquenta companheiras Holsteins, que, como ela, a certa altura não tinham mais opção. Se as vacas tivessem a vida que mereciam, se embonecariam e descansariam em prados de trevo, equilibrando delicadamente entre as patas um coquetel gelado e fumando um *narguilé* de erva perfumada enquanto discutiam suas mais recentes relações sexuais com Bill, aquele touro que era um "gato".

Mas a vida em nossa fazenda não era justa, e as vacas de nosso pequeno rebanho passavam a maior parte dos dias amontoadas no curral, tentando não manter contato visual com Bill, o touro, que as fuzilava com o olhar de sua baia. Duas vezes por dia — ao amanhecer e ao anoitecer —, elas enfiavam as patas na neve e no lodo e vagabundeavam pelo pasto, esperando que meu pai as levasse para dentro e as aliviasse de seu fardo leitoso.

Ao contrário das outras vacas, Shirley tinha um nome humano, embora meu pai detestasse sentimentalismos e fosse contra dar nome aos animais. Quase sempre ele se referia às vacas como "as garotas", mas às vezes as chamava de "malditas putas imundas", principalmente quando uma delas perdia o equilíbrio e ameaçava esmagá-lo, esquecia qual era a sua baia ou lhe dava um pequeno coice enquanto ele tentava limpar suas tetas.

Como a maioria das crianças criadas numa fazenda, eu tinha sentimentos ambivalentes em relação aos animais. Quando não estávamos na escola, eu e minhas irmãs passávamos a maior parte do tempo alimentando, limpando a sujeira e expulsando as vacas dos canteiros de flores de nossa mãe, para onde elas iam sempre que tinham uma chance — porque não havia cerca que conseguisse conter "as garotas" por muito tempo. Como debutantes da Park Avenue, nossas Holsteins davam muita despesa, andavam em bandos e eram imunes a argumentos ou punições. Embora fossem estúpidas como postes, elas nos venciam pelo cansaço. Fosse o que fosse que fizessem num dia, davam um jeito de repetir no dia seguinte.

A fronteira entre as bestas de carga e os animais de estimação às vezes se apagava e nos causava desconforto, principalmente na época do abate, quando Shirley ou a meiga bezerra que chamei secretamente de Miranda foram despachadas para o matadouro, destinadas a desembarcar de volta no nosso freezer na forma de alimento. Quando me lembro disso, sinto-me constrangida em revelar que, mesmo diante dessas perdas, nunca pensei em me tornar vegetariana. Na verdade, tão pragmática era a ética alimentar em nossa casa que, quando Shirley veio parar no nosso freezer, sua carne foi embalada em papel parafinado e etiquetada com seu nome e a data de sua morte.

11/6/72: Shirley

As vacas eram o nosso sustento, mas nos davam tanto trabalho (porque não paravam de comer, de defecar e de fugir) que às vezes eu sonhava com uma vida quase perfeita numa fazenda sem animais. Imaginava nossa família vivendo muito bem em nossos cem acres e desfrutando uma existência livre de animais. Aqui estamos nós, reunidas ao redor da grande mesa de jantar, comendo torta e queijo picante e apreciando a paisagem através das cortinas transparentes das janelas, enquanto nossa mãe diz: "Alguém quer mais um pouco de xarope de bordo?".

Mas as fazendas — principalmente as fazendas de leite — costumam atrair animais, e sempre que humanos e animais se cruzam a vida pode ficar caótica, sangrenta, embrutecida, violenta e triste.

Além de uns infelizes periquitos e do rebanho de bovinas aproveitadoras, nossa família convivia, amava, desprezava, matava, consumia e se preocupava com uma variedade bastante grande da cadeia alimentar, que incluía até um jacaré assustadoramente grande e uma colmeia de insistentes abelhas. Eram tantas as espécies que nos cercavam que precisávamos separá-las entre animais de "curral" e animais de "casa".

Vacas, porcos, cavalos, galinhas, gansos e um bando de gatos imundos ficavam fora de casa. Mas ainda havia iguanas, um cão pastor, *hamsters*, tartarugas e um jacaré "bebê" que cresceu demais vivendo ocasionalmente dentro de casa. (Sem falar de uma gigantesca colônia de abelhas que tinham se instalado dentro do meu quarto, de onde entravam e saíam a seu bel-prazer, dependendo da temporada de polinização.)

Apenas quando já estava adulta percebi que o fato de ter partilhado minha infância com animais gerou em mim uma intolerância a um modo de vida mais ordenado. Eu estava acostumada a lidar com rações, pelos, esterco e a teimosia dos animais. A vida sem no mínimo uma espécie não humana me parecia vazia, e eu me sentia condenada a repetir esse infinito e caótico ciclo de cuidado, amor e perda — e (naturalmente!) era atraída por aquilo que não conseguia controlar.

Por infelicidade, mas talvez não surpreendentemente — dada nossa incompatibilidade retrospectiva —, meu marido era alérgico a meu estilo de vida. E não era uma alergia comum, mas a alergia de um personagem de comercial de anti-histamínico, desses que espirram compulsivamente, têm chiado no peito e se enchem de brotoejas e vergões na pele. O aroma de um botão-de-ouro ou a simples foto de um girassol numa revista podia criar muco em seus pulmões. O pelo dos cães, gatos ou cavalos provocava explosivos ataques de espirros.

Não percebi sua alergia quando nos conhecemos e éramos jovens estudantes universitários sem animais por perto, mas, assim que nos casamos e fomos morar em um minúsculo apartamento em Nova York, comecei a fazer campanha para adquirirmos um bichinho de estimação — um gatinho, especificamente. Foi então que sua alergia tornou-se uma questão médica inegociável. Apesar disso, continuei tentando convencê-lo a ter um animal de estimação.

Tínhamos acabado de ver um comercial de tevê no qual apareciam uns gatinhos lindos. Uma coisa que sempre apreciei em meu ex-marido foi sua extrema suscetibilidade à beleza. O que estou dizendo é que ele se sentia anormalmente atraído por tudo o que era belo. Bebês asiáticos e animaizinhos de todos os tipos pareciam comovê-lo especialmente.

Os gatinhos do comercial brincavam com um grande novelo de lã. — Oh, olhe para eles! Vamos ter um gatinho? — implorei. Não me orgulho de revelar que usei aquele tom de voz agudo e mastigado que utilizava de vez em quando. Estava desesperada.

— Desculpe, mas sou alérgico. Lembra-se? — ele perguntou, apontando para o nariz.

— Existem vacinas para isso. A princípio, são doses semanais, mas depois vão diminuindo gradativamente.

— Ah, não. — Ele parecia pesaroso. — Você não acha que isso vai fazer mal para o gato?

Fiz uma pausa, uma dessas longas pausas durante as quais podia passar um bando inteiro de gatos, se eu tivesse um. Mas eu não tinha um gato sequer.

— As vacinas não são para o *gato*. São para o *humano* — expliquei.

Seu choque foi total e absoluto, e não havia nenhuma beleza nele. Ele simplesmente não podia imaginar que uma pessoa suportasse algo doloroso — de propósito. (Mas, evidentemente, podia imaginar uma vacina que tornasse um gato hipoalergênico.)

Nunca mais toquei no assunto.

Quando nos separamos, as pessoas que me conheciam bem me aconselharam duas coisas que, segundo elas, poderiam trazer alguma alegria à minha vida infeliz:

emagrecer e comprar um animalzinho. Aceitei o conselho. Perdi preocupantes dez quilos e logo depois ganhei outros dez na forma de um gato malhado.

Eu o conheci pouco antes do aniversário de Emily. Deus me perdoe, mas o amei e o desejei assim que o vi, embora ele não fosse tecnicamente "meu". Emily o ganhou de presente da avó, Martha, que me conhecia suficientemente bem para saber que aquele dândi, aquele príncipe dos animais, seria a resposta para o meu sofrimento.

— Deixei-o reservado para que você possa vê-lo antes de comprá-lo para Emily — ela disse. Corri para a *pet shop* de Georgetown e pedi ao vendedor que fosse buscá-lo. Depois de alguns minutos, o rapaz voltou trazendo um gato adolescente cor de laranja. — Ele está muito resfriado — o vendedor me disse, colocando-o sobre o balcão, perto da caixa registradora. Imediatamente, o gato se deitou e se espreguiçou, esticando a pata do tamanho de um disco de hóquei dentro da gaveta da caixa. Hoje eu sei que aquilo foi um mau presságio. Aquele gato encontraria um jeito de tomar o meu dinheiro.

— Acho que ele vai ficar grandão quando se alimentar melhor — disse o vendedor. Olhei dentro dos seus olhos laranja e ele me fitou com calma e nem piscou. Lembrei de uma coisa que minha mãe sempre nos dizia quando nossas brincadeiras ameaçavam ficar fora de controle: "Olhem o que eu estou dizendo. Isso vai acabar em choro".

Ele foi despachado para o nosso apartamento em um engradado tamanho grande — do tipo que é mais usado para transportar labradores. Quando a porta do engradado foi aberta, ele saiu lentamente, olhou em volta e se esticou no chão, como se fosse o dono da casa — o que, com o tempo, ele seria.

Como sempre gostei de dar nomes de pessoas aos animais, estava inclinada a chamar nosso gato de Calvin Derrick, nome de meu antepassado preferido. (Só conheci Calvin Derrick por velhas fotografias, nas quais ele aparecia quase sempre cercado por mulheres sorridentes, usando golas altas e chapéus de palha.)

Emily decidiu chamá-lo de Skunky, mas, graças a Deus, o nome não pegou. Os animais têm uma maneira toda própria de incorporar ou rejeitar os nomes que recebem. Eu conhecera um ou dois Skunkies, e aquele gato não era Skunky.

Estávamos em outubro, e nosso gato estava cada vez mais gordo e laranja, por isso Emily começou a chamá-lo de Pumpkin.* Ele resolveu experimentar o nome, que lhe coube como uma luva.

Os gatos têm fama de não serem tão simpáticos quanto os cães, mas Pumpkin parecia corporificar as melhores qualidades das duas espécies. Corria a nos receber com um entusiasmo canino quando voltávamos para casa, mas era suficientemente bobo e submisso para deixar que Emily o vestisse com as roupas das bonecas — algo que poucos cães com um pouco de autoestima tolerariam. Pumpkin passou grande parte dos primeiros meses em nossa casa vestido como Felicity, uma boneca da época colonial. Usava capa e boné com a maior boa vontade, mas recusava as botas amarradas com laços. Participava de chás, safáris e caças ao tesouro. Às vezes, enrolávamos o cobertorzinho de bebê de Emily em torno de sua cintura como um saia, e ele deixava. Tinha enorme tolerância à humilhação e uma predileção por chapéus, um pré-requisito para ser membro de nossa família.

---

* Abóbora. (N. da T.)

À noite, dividia seu tempo entre o meu quarto e o de Emily, enroscando-se em cada uma de nós, com a cabeça apoiada no travesseiro como se fosse gente.

À medida que Pumpkin crescia e engordava, ficou evidente que o tamanho seria uma de suas características mais marcantes. Quando estava sentado, a barriga se projetava como uma bola; de costas, tinha a silhueta de um boneco de neve. Apoiado nas patas traseiras, o que ele fazia incrivelmente bem, ficava da altura de uma criança do jardim de infância. Ele comia, comia e comia. Comer era sua principal preocupação, mas ele também adorava ver televisão e perseguir os pombos que pousavam no peitoril da janela.

Mamãe e eu costumávamos conversar ao telefone sobre nossos gatos — um de nossos assuntos preferidos. Gostávamos de contar suas travessuras e escolher que artistas de cinema seriam ideais para interpretá-los num filme. Um dos gatos de mamãe, Blackie, um gato neurótico que parecia uma criança abandonada de *smoking*, estava passando por uma crise de ansiedade que se manifestava na trituração dos estofamentos. — Ele parece sempre pronto a partir para uma festa *black-tie* — ela disse. — Ele é lindo, claro, até parece William Powell, mas infelizmente se comporta como Don Knotts.* — Decidimos escalar John Goodman para representar Pumpkin no cinema, mas só porque Jackie Gleason** estava morto.

---

* William Powell (1892-1984), ator americano que se tornou famoso em papéis que lhe permitiam mostrar seu charme e sofisticação; Jesse Donald Knotts (1924-2006), premiado comediante que se notabilizou na interpretação de personagens nervosos e agitados. (N. da T.)

** Jon Goodman (1952-) é ator de muitas comédias, mas seu papel mais famoso talvez seja o de Fred Flintstone; Herbert John Gleason (1916-1987), um

De vez em quando, eu avistava o imenso quadril e a cauda de Pumpkin passeando pela cozinha em busca de sua tigela, e então caía em mim: "Estou dividindo minha casa com um ser de outra espécie. Habito o mesmo espaço com uma criatura de quatro patas coberta de pelos. Tenho um animal na minha cozinha".

Eu não planejara adicionar à família um bicho de estimação — mas foi o que aconteceu. Aquele gato ocupava a terceira cadeira, completando o trio familiar e preenchendo o vazio de nossa perda. Emily e eu projetamos nele todas as qualidades que valorizávamos, e ele aceitava o seu papel. Quando precisávamos de um companheiro de brincadeira, nós o deixávamos maluco fazendo-o caçar uma pena ou a luz da lanterna. Quando queríamos um carinho, fazíamos ele se deitar de costas e acariciávamos sua barriga como se ele fosse um cão, e ele caía no sono com as patas erguidas no ar — paralisadas. Quando as amiguinhas de Emily vinham brincar em casa, levavam o gato para o quarto e passavam horas perseguindo-o, falando com ele e tentando carregá-lo no colo. Descobrimos que ele era hilário. Quando voltávamos para casa, assim que ele ouvia a chave girar na fechadura, escutávamos seus passos pesados correndo para a porta, como se dissesse: "Onde vocês estavam? Eu estava louco de preocupação".

Nas frequentes viagens de sete horas até Freeville, enfiávamos Pumpkin na sua caixa de viagem. Ele se acostumou tanto a essa rotina que podíamos deixar a portinhola da caixa aberta que ele não saía. Em Freeville, Pumpkin levava a vida de um gato do interior; podia sair à rua e rondar pelo quintal. Às vezes, caçava um roedor acidentalmente

---

dos mais populares atores da tevê americana nos anos 1950-60. Tinham ambos o mesmo tipo físico: gordo e bonachão. (N. da T.)

e ficava horrorizado com o que tinha feito. Ele fez de um ponto às margens do Fall Creek seu território. Da janela da cozinha, eu o avistava sentado em seu posto, observando o rio, enquanto um bando de andorinhas mergulhava constantemente sobre sua cabeça.

À noite, quando a cidade estava em silêncio, Pumpkin passeava pela Main Street para encontrar os gatos da vizinhança. Os vizinhos do outro lado da rua, os Jones, tiveram uma série de brutamontes musculosos ao longo dos anos, todos chamados Indiana. (Ao contrário da nossa família, esses vizinhos se apegavam a um nome não importa qual fosse o gato, mas todos os muitos "Indiana Jones" que conheci ao longo dos anos pareciam ter o mesmo temperamento fanfarrão.) Emily e eu imaginávamos que Pumpkin estaria feliz, jogando pôquer e fumando charutos com Indiana Jones e seu bando de rufiões locais, em uma versão felina de *Guys and dolls*,* mas ouvíamos muitos uivos noturnos e sabíamos que ele estava se envolvendo em brigas. Como nós, Pumpkin não era um morador habitual da cidade, por isso precisava fazer certos ajustes em seu estilo de vida. — Você não pode chegar da cidade grande e esperar que todos o aceitem de uma hora para outra — nós lhe dizíamos, enquanto tratávamos sua orelha ensanguentada. — Fique na sua. Saiba ouvir. Não fique se gabando de suas conquistas na cidade. Esses gatos têm que caçar sua comida e nunca viram uma sardinha saída da lata.

Infelizmente, assim como nossas antigas Holsteins, Pumpkin não conseguia aprender — ou era masoquista. Os vizinhos me contaram que ele rondava pelos quintais

---

* Famoso musical que teve várias versões no teatro e um filme (*Eles e elas*, 1955), que conta o envolvimento de dois jogadores (Marlon Brando e Frank Sinatra) com uma fanática religiosa (Jean Simmons). (N. da T.)

à noite, uivando sob as janelas, procurando encrenca, mas evidentemente muito lento para escapar da confusão. Eu me espantava que aquele gato, acostumado a viver num apartamento tão pequeno, pudesse chegar ao interior, passear tão longe e encontrar o caminho de volta para casa. Certas noites, eu demorava a dormir, preocupada que ele pudesse se perder ou se ferir. Não conseguia imaginar como é que ele podia saber onde morávamos. E se ele encontrasse um lugar mais interessante e não quisesse mais voltar? Nossa vizinha Penny tinha cinco gatos lindos, alguns deles saídos de um albergue para animais abandonados perto da Railroad Street. Quando Penny levava um gato para casa, dava-lhe um nome literário escolhido na obra de George Eliot ou Dickens, uma coleira de couro, duas refeições diárias, excelente assistência médica e liberdade para se deitar em sua poltrona Stickley e assistir a filmes. A casa de Penny devia parecer um Club Med para aqueles gatos abandonados. Quem não gostaria daquela mordomia? Eu mesma me mudaria para lá se ela me recebesse.

Tim, o novo marido de Rachel, me ajudou a entender o instinto e o desejo do animal de voltar para casa. Especializado em pássaros, ele trabalhava no Laboratório de Ornitologia da Cornell University e era um conhecido falcoeiro, acostumado a adestrar pássaros por todo o mundo. Treinava não só aves de rapina, mas um bando de pombos-correio em sua casa. Num fim de tarde, eu estava nos fundos da casa de Rachel e Tim quando o céu escureceu. De repente, o bando de pombos cruzou o céu — trinta pássaros voando em perfeita harmonia. Depois de uma curva sobre o pátio da escola elementar, eles perderam velocidade e altitude e, um a um, foram pousar no grande pombal que Tim construíra no quintal. Aqueles pássaros partiam de manhã, percorriam uma distância imensa todos os dias e, quando anoitecia, voltavam para aquela exata casa na Main Street. Eu não conseguia entender.

— Como é que eles sabem aonde ir e sempre sabem voltar? — perguntei a Tim.

— Eles voltam porque é aqui que eles vivem. Esta é a casa deles — ele explicou.

— Entendi. Pensando bem, eu também faço isso.

Era por isso que nosso gato sempre voltava, porque aquela era a casa dele.

Eu devia imaginar que o prodigioso apetite de Pumpkin acabaria por metê-lo numa enrascada, mas infelizmente não percebia o papel que eu desempenhava no seu comportamento. Eu parecia aquela mãe desnorteada que procura o Dr. Phil* para entender por que seu filho de mais de duzentos quilos não consegue mais sair da cama. Nosso gato não tinha um botão de desligar no seu apetite, e eu nunca lhe recusava nada. Para Emily eu me considerava uma mãe responsável, mas infelizmente não aplicava as mesmas regras ao mais vulnerável, obeso e encantador membro da família. Contrariando o estereótipo do gatinho mimado e comedido na alimentação, Pumpkin era um aspirador de pó na pele de gato, sem nenhum critério alimentar.

Num determinado ano, eu estava tão dura que resolvi fazer — em vez de comprar — todos os presentes de Natal. Eu já recorrera a esses presentes de fabricação caseira outras vezes, e nunca funcionou nem para mim nem os que os recebiam. Nunca fui muito habilidosa, e qualquer coisa feita pela minha mão geralmente era entregue com a frase: "Desculpe. Fui eu que fiz."

---

* Phil McGraw (1950-), psicólogo americano que ficou famoso por sua participação em programas de tevê como consultor de comportamento. (N. da T.)

Naquele ano, minha amiga Margaret me sugeriu fazer *biscotti* para dar de presente. São biscoitos italianos, assados duas vezes a baixa temperatura até adquirirem um dureza de material de construção. Margaret achava que seria uma boa opção para mim. Devido à sua consistência, ninguém conseguiria saber se os biscoitos estavam velhos. Margaret me deu sua receita favorita e me explicou como fazê-la passo a passo. Consegui assar uma boa quantidade de biscoitos de amêndoa — o suficiente para presentear meus parentes, que nunca tinham ouvido falar daqueles exóticos petiscos e provavelmente os atirariam diretamente na pilha de compostagem como uma iguaria para as marmotas.

Meus presentes estavam prontos, embalados em latas que eu comprara na Dollar Store e acomodados no balcão da cozinha à espera do fim de semana, quando viajaríamos a Freeville para os feriados de Natal.

Pumpkin estava diferente. Eu sabia disso porque ele deixara de comer. Um dia ou dois sem comida não lhe fariam mal, pensei. Mas então ele parou de beber. Ficou ainda mais letárgico do que o normal, e seus olhos laranja pareciam ter perdido o brilho. Ele começava a perder peso num ritmo alarmante.

Quando o levei à clínica veterinária de emergência, era dia 23 de dezembro. Ele estava mole e respirava mal. Um raio X revelou que ele tinha engolido uma amêndoa que provavelmente caíra no chão da cozinha e que agora estava entalada nos seus intestinos. Pumpkin precisava de uma cirurgia para removê-la. O veterinário achava que, se eles hidratassem nosso gato por várias horas por via intravenosa, provavelmente ele estaria em condição de fazer a longa viagem de Washington a Freeville. Eram duas da manhã quando Emily e eu o pegamos e corremos para a

Escola de Medicina Veterinária de Cornell (cerca de dezesseis quilômetros de nossa casa na Main Street) sob uma tempestade de neve, com nosso sedã Saturn derrapando na fina camada de gelo da estrada. O veterinário de Washington já os tinha prevenido de nossa ida, e, quando chegamos, por volta do meio-dia da véspera de Natal, internos de jaleco branco já nos esperavam no estacionamento para levá-lo às pressas para a cirurgia.

    Do hospital, liguei para minha irmã Anne. Ao contrário de mim, ela tinha muito jeito com animais. Passara por muitas experiências com cães de três pernas, gatos cegos, bodes e uma vez chegara a brincar com um grupo de alpacas (ou seriam lhamas?). Era famosa na família por ser capaz de enfiar uma pílula goela abaixo de qualquer animal e ainda lhe tampar as narinas para que ele não a cuspisse. Anne também parecia ter aprendido as mais pragmáticas lições com os animais da nossa infância.

    — Se ele tem que operar, vai ficar caro. Você precisa pensar se é isso o que você quer. Se ele está sofrendo agora e ainda tem que passar pela cirurgia, talvez não sobreviva, e você ainda terá essa despesa. Você precisa pensar bem — ela disse.

    Na infância, tínhamos visto muitos animais morrerem. Quando nossos bichos queridos se aproximavam do fim da vida — se tivessem tido a sorte de não morrer repentinamente sob o pneu de um carro ou de um trator, congelados na neve ou, como uma vez aconteceu com um gato, na secadora de roupas —, nosso pai era bastante franco sobre o que deveria ser feito. Quando eu tinha uns dez anos e nossa amada gata Mickey, que estava com vinte e três anos, ficou seriamente doente e fraca, ele nos reuniu e explicou as opções:

— Posso colocá-la no caminhão e levá-la ao veterinário para que ele faça o que tem que ser feito. Mas vocês sabem como ela detesta andar de caminhão, e não sei se é justo com ela assustá-la tanto.

Concordamos com um aceno de cabeça. Mickey ficaria histérica durante a viagem; eu não suportava nem pensar nisso. Então papai disse:

— Ou podemos fazer o que tem que ser feito aqui.

Dissemos que ele podia.

Meu pai criara animais a vida toda, e era contra sua natureza matar qualquer coisa. Eu sabia que ele era assim. E também sabia que ele começava o dia acarinhando um gato enroscado em seu colo enquanto bebia sua primeira xícara de café sentado à mesa da cozinha. Era um homem rude, mas amava os animais. Ele pegou sua espingarda. Ficamos dentro de casa, em silêncio, até ouvir o tiro. Mais tarde, quando ele voltou para casa, eu estava chorando. Já sentia falta de Mickey, que se sentava no meu colo e bebia o leite na minha colher enquanto eu comia meu cereal de manhã.

— Ela estava deitada ao sol. Não sentiu nada. Enterrei-a ali mesmo — ele disse, apontando para um canto do quintal. Pode parecer cruel, mas sei que ele praticou aquele ato com toda a gentileza. Nunca duvidei disso. Anne e eu tínhamos passado juntas por essa experiência, e, embora sem dizer nada, nós duas sabíamos que, quando amamos um animal, temos que amá-lo literalmente até a morte.

O veterinário tentou me explicar o que podia acontecer. A cirurgia podia não ser um sucesso e, mesmo que fosse, ele teria que passar um longo período de recuperação no hospital. — Por favor, faça o que precisa ser feito — ouvi-me dizer. Assinei alguns papéis e eles levaram Pumpkin.

Pediram-me que, antes de sair, passasse no caixa, onde emiti um cheque de cem dólares, que não tinha como cobrir.

    No dia de Natal, todos na família fingiram adorar os *biscotti* e perguntaram sobre o gato. Falavam sobre ele da mesma forma que nos referimos a um membro da família ausente, com carinho e otimismo. — Sabe do que mais gosto nele? É um cavalheiro — disse mamãe. Imaginei Pumpkin de colete e monóculo. À tarde, Emily e eu fomos até o hospital para ver como ele estava. O hospital veterinário de Cornell é grande e bem equipado, como convém a uma instituição de pesquisa ligada a uma universidade. Enquanto aguardávamos para ver o veterinário de plantão, outros visitantes natalinos chegaram, batendo a neve das botas no chão da sala de espera.

    — Vim ver o Muffin.

    — Estou visitando Peaches.

    — Outro dia, trouxe um cervo para cá e só quero saber como ele está.

    Pumpkin foi trazido numa maca. Estava todo enfaixado e tinha uma sonda na veia. Ele olhou para nós — a luz tinha voltado aos seus olhos — e abanou a cauda, como se dissesse: "Estou de voooooolta". Nós o acariciamos e, exultantes, voltamos a Freeville para dar a notícia à família. Durante a semana em que Pumpkin ficou no hospital, nós o visitamos duas vezes por dia. Quando lhe deram alta, corri ao hospital. Antes de trazê-lo, porém, fui mais uma vez encaminhada ao temido caixa. A conta, cuidadosamente detalhada, somava mil e quinhentos dólares. Pedi desculpas e liguei para minha irmã do saguão.

    — Eles estão cobrando mil e quinhentos dólares e não sei o que fazer! — sussurrei. Eu já me via aplicando clisteres para pagar a conta. Minha irmã suspirou.

— Você tem que pensar no seguinte: eles não querem manter seu gato aí. O que eles querem é entregá-lo em suas mãos hoje. Por isso, vão acabar aceitando o que você puder pagar. Negocie um plano de pagamento para o saldo.

Eu não admitia que alguém pudesse não querer ficar com nosso gato, mas, passando os olhos pela sala de espera (um Newfoundland com a perna enfaixada, três filhotes de gato, um par de gêmeos *terrier* muito travessos e uma cobra), tive que concordar que, para aquelas pessoas, Pumpkin não tinha a menor importância.

Nosso gato voltou mancando para a nossa vida. Tinha perdido metade do peso, e nós o mimamos e alimentamos com ração especial para gatos (cinquenta e oito dólares a caixa) até ele ganhar peso.

Li recentemente no jornal que, de acordo com os arqueólogos, os gatos se domesticaram. Os humanos criaram e domesticaram cães para executar tarefas e fazer-lhes companhia. Mas, milhares de anos atrás, os gatos escolheram viver perto dos humanos, porque, quando os homens começaram a cultivar grãos, os depósitos de grãos eram um ambiente procurado pelos roedores, dos quais os felinos se alimentavam. Os gatos procuravam os humanos porque éramos uma fonte de alimento para eles. Foram eles que escolheram ficar perto de nós.

Pumpkin levou esse aspecto evolutivo ainda mais longe. Ele nos domesticou e nos submeteu à sua vontade com seu jeito bonachão. Quando Emily viajava com o pai ou ia para o acampamento de férias, eu lhe escrevia contando as aventuras e desgostos do gato, suas muitas queixas por estar apenas na minha companhia, e suas ameaças de contratar um advogado caso ela não voltasse logo. Quando nos falávamos ao telefone, eu lhe dizia que estava bem e me mantendo ocupada, mas que Pumpkin se sentia solitário e ansioso por voltar a vê-la. E era verdade: quando ela estava fora, ele rondava o seu quarto, com a cabeça erguida, procurando por ela. Em nossas viagens, às vezes o levávamos conosco e conseguíamos enfiá-lo no quarto, escondido num saco de lixo. Ele comia sua ração em uma bandeja no banheiro. Em nosso apartamento, Emily o deixava sentar na mesa da cozinha e beber o resto de seu leite, como Mickey costumava fazer comigo.

Pumpkin caminhava para o fim de sua vida lenta e suavemente. Tornou-se meticuloso, como o velho que frequentava a ceia da igreja e não conseguia decidir o que colocar no prato. Ficou esbelto, magro até, e um dia o vi oscilar e perder o equilíbrio. Era verão, e passávamos uma temporada em nossa casinha em Freeville. Pumpkin ficava a maior parte do tempo deitado no chão frio da varanda.

Gry, nossa veterinária, também era nossa vizinha. Nascida na Dinamarca, mudara-se com a família para uma fazendinha muito organizada na periferia da cidade. O marido cultivava o campo com a ajuda de uns cavalos lindos. Um fim de tarde, eu passava na frente da casa deles quando os últimos raios de sol cintilavam sobre os campos. O marido de Gry estava de pé sobre uma debulhadora puxada por cavalos, ceifando o campo à moda antiga.

Gry percebeu um caroço no abdômen de Pumpkin, que daquela vez não era comida, e pediu um ultrassom. Emily ficou ao seu lado, acariciando-o, enquanto o técnico trabalhava. As notícias foram terríveis. Ele tinha um linfoma. Como uma terapeuta experiente diante de um cliente deprimido, Gry automaticamente puxou um lenço da caixa enquanto nos dava a notícia. Peguei um lenço, e mais outro, até que decidi eliminar a intermediação e pedi que ela me desse a caixa.

Gry disse que Pumpkin poderia passar por uma cirurgia, mas, mesmo assim, não acreditava que ele chegasse ao fim do verão. — Lamento dizer que Pumpkin não vai voltar com vocês no outono — ela disse, cerrando os lábios. Ela o conhecia há anos. Na primeira vez em que fomos consultá-la, ela o estendeu sobre a mesa de exame e disse: — Sim, senhor, que belo rapaz! — Concordamos. Ele era mesmo um belo gato.

Decidimos não fazer a cirurgia, e dessa vez a decisão nada teve a ver com dinheiro. Tivemos que responder à pergunta que as pessoas que amam os animais se fazem em nome deles. Como isso vai terminar? Pumpkin passou as últimas semanas de vida percorrendo toda a cidade, marcando seu território com sua presença pela última vez. Saíamos juntos a passear, e, quando eu trabalhava no meu escritório no andar de cima, com vista para o rio, ele se deitava sob meus pés. Depois, esperava no topo da escada que eu o carregasse para baixo.

No dia em que Pumpkin foi sacrificado fazia um calor brutal. O ar estava parado. O padrinho de Emily, Kirk, meu amigo de infância, tinha vindo do Maine com a mulher, Camille, e as duas filhas adolescentes, Hannah e Alice, para nos visitar. Kirk se ofereceu para cavar uma sepultura para Pumpkin no quintal, e eu peguei uma caixa e uma toalha para trazê-lo da clínica veterinária.

Na clínica, Gry tinha uma sala com entrada independente para os animais que iam ser sacrificados, provavelmente para que aqueles que traziam seus animais para morrer não tivessem que passar pela sala de espera. A sala é calma e bonita. Tem cortinas nas janelas e, nas paredes, quadros com poemas e citações de Walt Whitman, de Shakespeare e da Bíblia. Sentei-me numa cadeira de balanço com

Pumpkin no colo e lhe disse pela última vez quanto aqueles onze anos em que vivemos juntos foram importantes para mim. Eu nunca ia esquecê-lo, assim como jamais esquecera todos os animais que embelezaram minha vida, mesmo aqueles que tinham me pisoteado uma vez ou outra.

    Quando voltei para casa fazia um calor de quarenta graus. O ar estava pesado, e as árvores, meio murchas pela falta de água. Kirk e a família tinham ido buscar Emily, que trabalhava como monitora de um acampamento local. A casa estava vazia, mas, mesmo levando em conta a ausência do gato, algo parecia diferente. Olhei em volta. Kirk e Camille tinham lavado as tigelas de Pumpkin, limpado as caixas de areia e todas as marcas da doença dele pela casa. Não acreditei que eles tinham feito isso. Kirk nem gostava de gatos, embora sempre dissesse que, graças ao seu poder de atração, sua personalidade e sua presença na nossa família, Pumpkin era um caso especial.

    Quando Kirk e a família voltaram com Emily, eu estava sentada em uma espreguiçadeira no quintal. Tinha parado de chorar e bebia uma cerveja. Eles me rodearam, olhando-me com preocupação. Pela primeira vez em semanas, prestei atenção naquelas pessoas. Que criaturas magníficas elas são! Quando conheci Kirk, estávamos na quarta série, e desde então nunca deixamos de ser amigos. Ele assumira o papel de protetor de Emily e estava sempre disponível para exercer o papel de "homem da casa" quando precisávamos. Aproveitava todas as oportunidades de exercer uma influência positiva na vida de Emily, estando presente nos aniversários, nas competições escolares, e sempre enviando postais e presentes de suas viagens. Nossas famílias tornaram-se muito próximas, nos visitávamos todos os verões, e, sempre que vinha a Freeville, Kirk fazia a torta de mirtilo que Emily adorava e ainda pegava uma ferramenta para fazer algum trabalho de manutenção da casa.

Emily olhou para mim. Seus longos cabelos castanhos brilhavam ao sol.

— Você está bem, mãe?

Ergui a mão e protegi os olhos com a garrafa de Heineken. Senti o frio úmido contra meu rosto.

— Estou bem, querida. E você?

— Eu também — ela disse.

Disse a eles que, por causa do calor, tinha decidido que Pumpkin fosse cremado, o que era meia verdade, porque não pude nem pensar em carregar o corpo dele para casa. Escolhemos um lugar às margens do riacho onde enterraríamos suas cinzas. Dias depois, Gry me ligou dizendo que podia ir buscar as cinzas. Pumpkin voltou para nós em uma lata de metal da Dollar Store — exatamente igual às que eu tinha comprado para embalar meus *biscotti* tantos anos antes. Deixamos a lata no balcão da cozinha por várias semanas, até que uma tarde, antes de viajar de volta a Washington para o início das aulas de Emily, fomos até o rio, cavamos um buraco fundo e enterramos a lata.

SETE

Dando a volta por cima

Nunca tive a intenção de me tornar uma colunista de aconselhamento. Afinal, não é o tipo de emprego que exija formação universitária. Como muitas vezes em minha vida profissional, essa oportunidade foi uma volta por cima. Essa é uma das minhas especialidades. Acontece quando uma ousadia confiante se encontra com a sorte e cria uma circunstância inesperada. Você se culpa por não ter apanhado uma moeda de dez centavos que viu na rua e na quadra seguinte encontra uma nota de um dólar.

Sempre me senti um bicho-preguiça em uma família de abelhas operárias. Como um trator num piquenique, eu me sentia mais à vontade correndo por fora, entrando e saindo das situações. Trabalhei numa oficina de conserto de bicicletas, limpei quartos de hotel e fui recepcionista. Me sujeitei a empregos que outras pessoas não queriam, mas nunca aceitei um emprego que eu não queria. Só em caso de extrema necessidade eu trabalharia no turno da noite numa loja de conveniência — para citar um emprego que definitivamente não desejo. Sei muito bem que jamais seria uma boa vendedora de uma loja de conveniência, em parte porque beberia todo o meu salário em refrigerantes. Por outro lado, provavelmente porque fui criada numa fazenda, qualquer trabalho que não envolva limpar esterco me parece moleza. O esterco tem esse poder: influencia os padrões de uma pessoa. Como ficou evidente, ter trabalhado com esterco quando era criança me preparou para fazer tevê, o primeiro de meus vários empregos.

Anos atrás, quando eu vivia em Nova York e trabalhava como produtora de tevê, eu ia e voltava do trabalho de ônibus. Durante a viagem, por indolência e também para não ter que encarar os outros passageiros, eu ficava olhando os cartazes sobre as janelas do ônibus, que anunciavam cursos para várias profissões. Embora eu gostasse do meu trabalho, não tinha ilusões a respeito dele. Dificilmente alguém faz televisão por vocação. O programa de uma hora em que eu trabalhava explorava aquele tipo de assunto barato que hoje é lugar-comum, mas que naquela época parecia novo. Éramos ótimos em contar "tragédias urbanas", que alternávamos com histórias sobre "a derrocada dos poderosos". Por algum tempo, em meados dos anos 1980, eu não fazia mais nada senão ficar parada com a equipe da tevê nas calçadas lotadas em frente aos tribunais de Manhattan cobrindo o "andamento do processo" de magnatas da Wall Street levados às cortes de justiça por escândalos de uso ilegal de informações privilegiadas. Histórias do tipo "milionários na cadeia" eram especialmente populares na época de férias.

Minhas viagens de ônibus para o West Side de Manhattan foram corroendo minha satisfação com o emprego na tevê, porque os anúncios enchiam minha cabeça de sonhos de fazer alguma coisa útil.

Quando chegava em casa, eu dizia ao meu marido:

— A profissão de soldador me parece bastante lucrativa e gratificante.

— Ontem você disse a mesma coisa sobre a carreira de policial — ele me lembrava.

Meu marido sabia que eu tinha uma queda pela carreira policial, na qual eu achava que algumas de minhas qualidades — força física, capacidade de gritar bem alto e um estranho talento para passar despercebida — me ajudariam muito. "Eles não deixam qualquer pessoa ingressar na academia do FBI. Você tem que ser física e mentalmente forte para resistir a dezoito meses de duro treinamento em Quantico, Virgínia", eu me dizia.

Para mim, as duas perguntas mais difíceis de responder sempre foram: "Quem eu sou?" e "O que eu quero?". No início de minha vida profissional, eu trocava de emprego em busca de encontrar uma resposta, até que finalmente cheguei a uma carreira que me pareceu ser minha verdadeira vocação. Depois que Emily nasceu, descobri o que queria fazer da minha vida. Ser mãe completou o meu currículo. Todo mundo que me conhecia ficou chocado — e até eu me surpreendi um pouco — com minha decisão de ficar em casa e ser esposa e mãe em tempo integral. Meu marido aprovou o plano. — Só quero que você seja feliz — ele disse, e acreditei nele, até que ele nos deixou e foi para a Rússia com a namorada.

O divórcio clareou muito as coisas para mim. Sem experiência anterior de maternidade, parei de me preocupar com a carreira. Eu escolhia empregos que servissem à família. Depois que nos mudamos para Washington, encontrei um trabalho que podia ser útil a outras famílias também: substituta *freelancer* de mulheres em licença pós-parto. Meu primeiro trabalho depois do divórcio (substituindo uma funcionária que tivera gêmeos) foi de produtora encarregada da recepção dos convidados dos programas da

National Public Radio. Às cinco e meia da tarde, assim que *All Things Considered** se encaminhava para o fim, eu corria para buscar Emily na escola. Se enfrentasse um engarrafamento de trânsito ou algum outro obstáculo, minha cabeça parecia prestes a explodir. Nenhum prazo de fechamento no jornalismo me preparara para a pressão dessa função maternal. A escola de Emily tinha uma política de tolerância zero para atrasos. Depois das seis, hora da saída, os pais eram multados em vinte dólares para cada cinco minutos de atraso, e, pior ainda, as crianças eram levadas para a calçada, como lixo reciclável, onde ficavam de pé, vigiadas por uma funcionária, até que o pai ou a mãe chegasse. Às vezes eu era a última mãe a chegar, e encontrava Emily, de casaco e mochila, pronta para ir para casa.

— Você fica nervosa quando eu me atraso? Tem medo de que eu esqueça de vir te buscar? — eu lhe perguntei um dia.

— Não, não tenho medo disso. Você sempre chega. Então eu lembro que você sempre vai chegar — ela respondeu.

Sua confiança em mim era muito maior do que a minha. Algumas tardes, eu chegava tão cansada do trabalho que não tinha forças para fazer o jantar. Então, pegávamos alguma coisa no *drive-through* do Burger King, íamos para casa, tomávamos banho e às oito já estávamos na cama. Mais de uma vez, mandei Emily para a escola com a lancheira vazia, porque, na pressa de sair de casa de manhã, esquecia o lanche.

Eu vivia pedindo à produtora de *All Things Considered* que me deixasse escrever para o programa. Um dia, final-

---

* Programa de notícias, entrevistas e entretenimento transmitido pela NPR a mais de 560 estações de rádio desde maio de 1971 até o presente. (N. da T.)

mente, ela me disse que parasse de pedir e metesse mãos à obra. Ela me contratou por meio período durante o tempo que Emily estava na escola (substituindo alguém que enfrentava uma gravidez difícil e precisava ficar de repouso total), e comecei a escrever comentários. Quando era necessário, eu levava Emily para o estúdio, feliz de que ela pudesse conhecer pessoas criativas, que trabalhavam numa função tão interessante. Quando não era chamada pela NPR, eu trabalhava como professora substituta na Little Folks School, onde Emily fizera a pré-escola (um surto de gravidez entre as professoras me garantiu bastante trabalho). Manter as crianças dentro da "roda" me lembrava de vários chefes meus na televisão, e, instintivamente, eu sabia lidar com elas.

Quando Emily estava na sexta série, recebi um telefonema do chefe da nova sucursal da revista *Time* em Washington. Ele me ouvira no rádio e queria conversar comigo sobre um trabalho na revista. Marcamos um encontro e ele me ofereceu um cargo de redatora. Balançada, eu recusei. Não podia aceitar um emprego que exigia sessenta horas semanais de trabalho, além de viagens.

— Desculpe-me perguntar, mas poucas pessoas recusariam um emprego como esse. Você se incomoda em me dizer por quê?

— Tenho outro emprego — respondi.

— Eu não sabia. Você pode me dizer que emprego é esse?

— Estou tentando criar uma pessoa.

Nesse momento, com uma precisão cinematográfica, o elevador chegou e eu entrei. Se fosse um filme, meu futuro chefe teria impedido que a porta se fechasse e me ofereceria algo mais aceitável, mas não estávamos num filme, e peguei o metrô para casa furiosa comigo.

Eu achava que, afirmando minhas necessidades e meus valores, me sentiria bem, mas não foi o que aconteceu. Voltei para casa sentindo-me uma perdedora. Na verdade, pior que uma perdedora. Eu me sentia uma eterna temporária. Meu futuro profissional dependia dos planos de maternidade de outras mulheres. Francamente, a ovulação — mesmo a minha — sempre me deixava nervosa; e agora eu percebia que tinha me transformado numa espécie de babá de mães. "Exatamente neste momento, uma jornalista de nível médio está fazendo sexo e daqui a oito meses e meio ocuparei o seu emprego", pensei. Isso não me dava um sentimento nada animador.

Geralmente, o momento da virada acontece quando a gente atinge o ponto mais baixo no ciclo de fracassos, e foi o que aconteceu dessa vez. Dias depois que recusei o trabalho na *Time*, o chefe da sucursal voltou a me telefonar, elogiou meus valores familiares e me propôs escrever uma coluna semanal sobre vida familiar e criação de filhos. Eu precisaria estar no escritório dois dias por semana e poderia trabalhar os outros em casa. Seria remunerada por um trabalho que não dependia do planejamento familiar de outras mulheres. Era um emprego sem qualquer ligação com as trompas de Falópio. Aceitei.

— Você tem consciência de que está pulando etapas ao ganhar uma coluna? — ele perguntou.

— Sim, eu sei. Pulei essa parte.

Os últimos anos do século 20 foram bons para mim profissionalmente. Tinha um belo escritório no centro e colegas com os quais saía uma vez ou outra para almoçar. Emily e eu nos mudamos para um apartamento maior no mesmo prédio, onde cada uma tinha o seu banheiro. Passei a pagar minhas contas no dia do vencimento. À noite, nos sentávamos na sala de estar e olhávamos as luzes faiscantes da Connecticut Avenue. Como a flexibilidade do trabalho me permitia escrever minha coluna em Freeville, durante o verão montei um escritório no quarto dos fundos, com vista para o Fall Creek.

O 11 de setembro de 2001 mudou tudo para muita gente, e também para nós. Do meu escritório no centro, pude ver a fumaça erguendo-se sobre o Pentágono. Meu chefe me pediu para cobrir a entrevista coletiva que seria concedida na frente do edifício do Capitólio, onde os congressistas se demoravam, de pé na calçada, parecendo um grupo de turistas perdidos. (O resto do Congresso tinha sido transferido às pressas para um lugar nas montanhas de West Virginia.) Uma única equipe de tevê armou um tripé no gramado em frente ao Capitólio, apontou a câmara para o prédio, dispôs cadeiras sobre a grama e sentou-se, à espera do apocalipse.

Assim que pude, entrei no metrô e corri à escola de Emily. Os vagões estavam lotados de assustados funcionários do governo fugindo do centro. Ninguém falava. Na escola, os alunos da sétima série estavam reunidos no ginásio: as meninas, abraçadas, e os meninos, andando de um lado para outro, parecendo confusos. Fomos a pé para casa. A Connecticut Avenue estava cheia de pessoas bem-vestidas, assustadas demais para usar o transporte público — todos nós observando furtivamente o céu à espera de sinais de um ataque.

— Se alguma coisa acontecer e nos separarmos, caminhe na direção norte — eu disse a Emily. Fazia pouco tempo que minha filha começara a andar de ônibus sozinha, mas, não sei por quê, eu confiava que ela fosse capaz de vencer os quatrocentos e oitenta quilômetros até Freeville. Sabia que minha mãe estaria a postos, pronta para lhe servir panquecas no jantar.

— E onde fica o norte? — Emily perguntou.

— Para lá — respondi, apontando na direção da avenida.

No dia 12 de setembro, fiquei sem emprego. A *Time* tinha encontrado um novo foco, e não havia mais espaço para assuntos do tipo "Como fazer seu bebê dormir a noite toda", que eram minha especialidade.

Sem emprego e sem perspectivas profissionais, tive tempo suficiente para planejar rotas de fuga da cidade em caso de emergência. Durante todo aquele terrível outono, quando o medo do antrax bloqueou as entregas do correio e o açúcar de confeiteiro caído de um sonho podia gerar pânico, eu ficava acordada à noite, repassando o mapa de Washington na cabeça e maquinando qual seria a maneira mais rápida e segura de fugir da cidade. O caminho variava, mas minha bússola mental sempre apontava para o norte, para o meu lar. Eu dava graças a Deus de ter vindo de uma cidade tão sem importância que ninguém pensaria em atacá-la.

Nunca entendi por que as pessoas mais velhas vivem coladas ao canal do tempo. Agora sei: ver um sistema de instabilidade se formar sobre as Grandes Planícies lhes dá um motivo para vencer a ansiedade. ("Velma, há uma área de baixa pressão sobre Nebraska. Vá buscar as velas!") Depois dos ataques de 11 de setembro, os empregos se esgotaram em Washington. Como não conseguia encontrar nenhuma mulher grávida para substituir, comecei a pagar as contas à custa dos cartões de crédito. E tornei-me agente de segurança da minha família. Frequentei um seminário onde fui aconselhada a fazer estoque de água, comida, fita isolante e plástico caso tivéssemos que selar a casa na eventualidade de um ataque químico.

Fui direto do seminário para um supermercado e, apressada, percorri a seção de equipamentos de emergência. Infelizmente, sempre achei que barras de cereal tinham gosto de madeira compensada e nunca fui de beber muita água, embora goste de praticamente todas as demais bebidas. Pensei no assunto. Se ficássemos presas dentro do apartamento, será que íamos querer comer soja crua enquanto esperávamos que chegasse ajuda? Enchi a cesta de pacotes de chocolate, salgadinhos e Coca zero — minha dieta básica na TPM. Peguei também um pacote extra de ração para o gato. Não tinha dúvidas de que Pumpkin era um desses assustadores gatos de apartamento que viram notícia dos tabloides por serem capazes de devorar os próprios donos quando sob forte pressão. Ultimamente, eu vinha notando um certo olhar em seus olhos laranja. Em caso de um ataque terrorista, era melhor que ele estivesse bem alimentado.

Enfiei nosso estoque de sobrevivência, junto com uma lanterna e algumas pilhas extras, em uma velha mala, que coloquei perto da porta. Emily me pediu uma Coca zero.
— Se você a tomar agora, pode se arrepender mais tarde, quando estivermos vestidas com nossos macacões antirradiação e não houver o que beber. Mas, honestamente, você decide — eu disse, mas concordamos em repartir um pacote de bombons antes do jantar.

Pela necessidade de cortar despesas, eu estava pensando seriamente em sair de Washington e voltar a morar em Freeville (onde eu sabia que podia conseguir um emprego no mercadinho Clark's) quando li no jornal a notícia da morte de Ann Landers em Chicago. Sem eu saber, a morte da lendária colunista de comportamento era a minha área de instabilidade se formando sobre as Grandes Planícies. Mais tarde, a tempestade ganharia força, se deslocaria para o leste, nos arrebataria num turbilhão e nos levaria ao Meio-Oeste.

Jim Warren, meu amigo e editor do *Chicago Tribune*, tinha me conseguido alguns trabalhos *freelancer* durante minhas épocas de dureza. Quando Ann Landers morreu, enviei-lhe um e-mail: "Esse é um emprego que eu aceitaria. Ha Ha Ha Ha". Jim me contou que o *Tribune* não tinha a intenção de substituir Ann Landers, e eu lhe garanti que estava brincando. Ha Ha Ha. Mais ou menos um mês depois dessa troca de mensagens, Jim me procurou para dizer que o jornal pensava em lançar uma nova coluna e me convidou a me candidatar.

Era verão, e estávamos passando uma temporada em nossa casinha em Freeville. Jim me passou por e-mail algumas perguntas que costumavam ser enviadas à coluna e me deu uma semana para respondê-las. Dei uma olhada nelas. Uma era sobre dois primos que tinham tido um caso rápido; outra referia-se à batalha de irmãos por causa da herança do pai moribundo; e a outra uma pergunta muito comum sobre regras de etiqueta no casamento. Jim disse que o jornal tinha várias candidatas e que todas tinham recebido as mesmas perguntas e o mesmo prazo. Decidi encarar o trabalho imediatamente, mesmo por que, francamente, não tinha muito o que fazer.

Como de outras vezes em que eu procurara emprego, dessa também mantive uma posição bastante neutra a princípio. Imaginava que tinha alguma chance de ser escolhida, mas as possibilidades me pareciam ainda menores. Só quando comecei a escrever foi que percebi quanto eu desejava ser uma colunista de aconselhamento. Afinal, uma boa conselheira é no mínimo tão útil quanto um soldador ou um agente do FBI.

Fazia muito calor naquela tarde, e a cidadezinha estava mergulhada na calmaria de todos os dias. À medida que lia e pensava nos problemas daqueles completos estranhos, fui percebendo que tinha plenas condições de lhes oferecer conselhos. Não que isso fosse um talento natural. Para falar a verdade, não me lembrava de alguma vez terem pedido minha opinião sobre algum problema pessoal, mas, sendo o plâncton situado no fim da cadeia alimentar de minha família, fui receptora de muitos conselhos (todos não solicitados). Pensei em minha mãe, minhas tias e minhas irmãs mais velhas. Em minha família, os conselhos correm de cima para baixo, e eu estou no pé do morro, segurando um balde.

Enviei minha coluna de teste para Jim naquela mesma tarde. Ele respondeu: "Você tem uma semana. Portanto, por favor, use-a. Nem vou olhar para isto". Pensei no assunto. Sabia que podia subir na bicicleta, correr até a casa da minha mãe e reunir minhas tias e minhas irmãs mais velhas para pedir a opinião delas. Mas então percebi que já tinha absorvido e me apropriado das vozes das mulheres da minha vida. Já sabia o que tinha que saber. Decidi confiar na minha intuição. "Vá em frente e leia. Esta é minha última resposta", disse a Jim.

O *Tribune* submeteu todas as colunas à apreciação de grupos de leitores do jornal. Em todos os testes, o resultado foi o mesmo: a primeira opção dos leitores para uma colunista de aconselhamento era trazer Ann Landers do mundo dos mortos. Como ressuscitar Ann Landers estava fora de questão, eles decidiram que eu faria isso.

Em minha primeira viagem para Chicago, desci do táxi diante do magnífico edifício gótico do *Tribune* na Michigan

Avenue, rodopiei na rua e atirei meu chapéu no ar como Mary Tyler Moore.* É claro que não fiz isso. Quando desci do táxi, meu chapéu caiu do meu colo na rua e o carro passou por cima dele na pressa de apanhar outro passageiro. Mas assim mesmo meus patrões me ofereceram o emprego.

Agora eu tinha que dar a notícia a Emily.

Percorríamos de carro um trecho particularmente pitoresco de uma alameda de Washington quando decidi pô-la a par de minha formidável conquista. Eu tinha lido num artigo que pais e filhos geralmente têm conversas importantes no carro. Naturalmente, Emily e eu já tínhamos tido muitas conversas significativas — às vezes no carro e às vezes gritadas, em meio ao choro, através da porta fechada do banheiro —, mas daquela vez eu queria montar o cenário para a conversa, porque ela seria não só importante, mas memorável. Acabou sendo as duas coisas.

— Bom, tenho ótimas notícias. Consegui o emprego! — Não sei bem por quê, eu parecia estar gritando.

— Mãe, que ótimo! Nossa, estou tão feliz por você! — ela gritou em resposta.

— Então vamos nos mudar para Chicago, como já conversamos — exclamei. Eu parecia um cachorrinho saltando para chamar a atenção.

— Está certo, eu me lembro — ela disse.

Eu imaginava se seria possível continuar dirigindo o carro e ao mesmo tempo soltar a mão do volante para me dar um tapinha nas costas. Será que o cinto de segurança seria suficientemente flexível para me permitir me curvar para a frente e alcançar minha escápula? Eu esperava que sim.

---

* Referência à cena de abertura do programa *Mary Tyler Moore*, série em que ela representava uma produtora de TV em Minneapolis. (N. da T.)

Depois de um segundo de silêncio, Emily disse:

— Mas vou poder terminar a escola aqui, certo?

Ela estava na oitava série. Pensei um pouco. Estávamos em fevereiro e eu só começaria no novo emprego em julho.

— Claro que você vai poder terminar a escola aqui. Nenhum problema — eu disse.

Seguimos em frente, cada uma envolvida em seus pensamentos. Mentalmente, eu desmontava nosso apartamento, uma fantasia que incluía arremessar sacos de lixo cheios das coisas que não queríamos mais pela janela e vê-los cair na Connecticut Avenue, oito andares abaixo. Depois dessa fantasia, passei a sonhar com um cheque de pagamento. Não via um deles há muito tempo. Um mandato presidencial inteiro tinha se passado desde que eu tivera um emprego de alguma importância. Acho que minha sorte sumira quase ao mesmo tempo que a de Bill Clinton.

Continuamos em silêncio mais alguns minutos até que comecei a sentir uma familiar sensação de desastre, aquele tipo de lenta compreensão que um personagem de desenho animado sente um pouquinho antes que um enorme piano despenque sobre sua cabeça.

Olhei de esguelha para minha filha.

— Quando você diz que quer terminar a escola, você quer dizer... ?

— Até minha formatura.

Emily foi clara. Ela ficaria feliz de se mudar para Chicago — dali a quatro anos.

Parei o carro. Estávamos em um bairro arborizado de uma cidade que sempre amei e que agora íamos deixar. Eu tinha tomado algumas decisões estúpidas em minha vida profissional cheia de altos e baixos, mas nunca tinha me mudado por causa de um emprego. Na minha cabeça, mudança a gente faz por causa de pessoas, não de trabalho.

Percebi que, nos vários meses em que estivera batalhando por aquele emprego, nunca dissera a Emily toda a verdade. Durante toda a nossa vida, sempre mantivera a ficção de que tínhamos total controle de nosso destino, de modo que não preparei Emily para a eventualidade de um enorme piano caindo do céu. Eu me voltei para ela:

— Nós vamos. Lamento, sei que é difícil para você, mas vamos nos mudar.

Emily é a pessoa mais tranquila que já conheci, mas as raras ocasiões em que ela fica irada são assustadoras. Vi as íris dos seus olhos passarem de castanhas a pretas. Ciclones e tornados atravessaram suas pupilas. Será que ela seria capaz de me incendiar apenas com a força de sua mente adolescente? Não sei, mas estou certa de que era isso que ela queria.

Lágrimas expulsaram a tempestade para longe, e voltamos para casa em silêncio.

As blasfêmias começaram logo depois. Fiel à sua natureza, Emily soube escolher o momento. Esperou até a manhã seguinte, quando nos arrumávamos para ir à igreja. Logo cedo, li a edição de domingo do *New York Times*, que trazia uma meia página com a seguinte manchete: "Escolhida a possível sucessora de Ann Landers", acompanhada de uma pequena foto minha, ao lado de uma grande foto de corpo inteiro de Ann Landers. Talvez a posição das fotos não fosse deliberada, mas eu parecia uma pobre coitada ao lado da lenda, que aparecia, sorridente, em seu palaciano apartamento de Chicago. A matéria dava a entender que eu fora arrancada da obscuridade para assumir a coluna. Embora fosse uma linda história, não era verdade — eu não era assim tão obscura, pelo menos na minha visão.

Emily continuava trancada no quarto — a única porta através da qual ela sabia que eu podia ouvi-la, principalmente se colasse meu ouvido nela, o que naturalmente foi o que fiz. Horrorizada, ouvi minha filha desfiar toda a lista de palavras indizíveis de George Carlin,* acrescida de palavrões de sua própria autoria.

Fiquei ali parada, ouvindo. Quando não aguentei mais, bati de leve na porta. Toc toc toc.

— Quando você estiver pronta, estarei esperando no carro — eu disse, com a maior calma possível.

Emily soltou mais duas ou três palavras da mesma categoria, sempre com o meu nome anexado a elas. Depois, saiu do quarto usando seu lindo vestido de Laura Ashley, atirou-me um olhar satisfeito e segurou a porta do apartamento para eu passar. Era evidente que ela pensava ter vencido aquele *round*. E acho que venceu mesmo.

Depois que assumi a responsabilidade pela desolação de Emily por causa da mudança, estabelecemos uma trégua chorosa. Passamos os meses seguintes dizendo adeus ao nosso lar, apegadas aos lugares e amigos que tinham nos apoiado ao longo de doze anos. Eu me demorava na Little Folks School, absorvendo pela última vez as grandes lições que aquelas crianças me ensinavam: viver o presente, brincar com total liberdade, dormir quando o sono chega e preservar os amigos pedindo desculpas quando necessário.

O caminhão da mudança chegou no último dia de junho. Aluguei uma *van* e decidi dirigir até Chicago, levando Emily, o gato e alguns de nossos pertences. Depois que as

---

* Comediante norte-americano (1937-2008) que ficou famoso com um número que ele chamou de "Sete palavrões que você nunca deve dizer na TV", que o levou à prisão em 1972, acusado de violar a lei sobre obscenidade. (N. da T.)

caixas se esgotaram, enfiamos nossas coisas em sacos de lixo e os atiramos na *van*. Foi então que percebi uma verdade sobre sacos de lixo: qualquer coisa colocada em um saco de lixo, não importa quão preciosa seja, acaba se tornando lixo. Parecia que íamos partir para o lixão. A última coisa que tiramos do apartamento antes de fechar a porta foi o estoque de emergência de chocolates, salgadinhos e ração de gato que eu enfiara numa mala no ano anterior. Aquele símbolo de minha paranoia mataria nossa fome durante a viagem.

A saída de Washington foi tão dolorosa e esperançosa quanto fora nossa chegada, doze anos antes. Naquela noite, contrabandeamos o gato para um quarto de motel em Ohio. Na noite seguinte, ao atravessar um viaduto na periferia de Chicago, lançamos um primeiro olhar à poderosa paisagem urbana. Lá longe, acima do centro de nossa nova cidade, os fogos de artifício do Dia da Independência explodiram em flores de fogo. Chicago estava dando uma grande festa, e fingimos que era para nós.

Oito

Arrasando corações

Um dos meus maiores sonhos quando mudava de cidade era reviver minha época de namoros. Nunca fui namoradeira, mas, em Chicago, decidi mudar. Decidi me cuidar e "ouvir" mais. Talvez fosse a algumas baladas. Usaria lentes de contato, botas de salto no inverno, faria um corte de cabelo decente e, de modo geral, me esforçaria para ser atraente. Como nunca tinha me importado em ser atraente, esse esforço não seria demasiado, o que tornou mais fácil para mim me comprometer com a ideia.

Cortei os cabelos e comprei lentes de contato. Até me submeti à depilação com cera para remover pelos da sobrancelha e do buço, que me deixou parecida com Groucho Marx, com marcas vermelhas formando as sobrancelhas unidas e o bigode. Fui para casa e apliquei gelo no rosto. Assim que o inchaço melhorou, Emily e eu concluímos que, como um bebê, eu tinha dado os primeiros passos vacilantes na direção certa.

Chicago estendeu um tapete vermelho para mim. Durante cerca de um mês, fui a todos os lugares — do programa *Today* ao *Sunday Morning* da CBS —, apareci em anúncios de jornal e em spots de rádio nos quais falava sobre meu novo e conceituado emprego. Uma semana depois de estrear a coluna "Pergunte a Amy", Emily e eu pegamos um táxi do escritório para casa. O motorista me olhou pelo espelho retrovisor e pareceu surpreso:

— Você é aquela moça do anúncio. Você é "Pergunte a Amy"! — ele disse.

— Mas pode me chamar só de Pergunte — eu disse.

Saímos correndo para nosso apartamento, às gargalhadas.

— Mãe, você é famosa!

— Caramba! Será que eu devia ter lhe dado uma gorjeta maior? Aposto que Barbara Walters* dá gordas gorjetas.

— E Kelly Ripa** também — Emily acrescentou.

A rápida sensação de celebridade local combinou lindamente com minhas novas sobrancelhas, e, pela primeira vez na minha memória recente, os rapazes começaram a telefonar.

Apesar de toda a minha experiência em contrário, sempre mantive uma visão otimista sobre minhas perspectivas românticas — principalmente durante os períodos de seca. Para mim, namorar é como ir a um jogo de beisebol — uma atividade que parece melhor na teoria. Ficava muito animada diante da perspectiva de assistir a um jogo dos Chicago Cubs, mas, assim que chegava ao Wrigley Field, comia um cachorro-quente e bebia uma cerveja, geralmente estava pronta para ir para casa. Em pouco tempo, os jogadores — como muitos dos meus primeiros encontros, perspectivas futuras e tiros n'água — ficavam todos parecidos, e eu me perguntava o que estaria passando na TV.

---

* Famosa jornalista americana, primeira mulher a apresentar um noticiário de tevê. (N. da T.)

** Atriz e apresentadora de programas de entrevistas da TV americana. (N. da T.)

Meu primeiro paquera em Chicago parecia promissor — como todos antes dele. Era um rapaz — vamos chamá-lo Leif — que rejeitei (embora tenha esquecido outros detalhes, deste eu me lembro com total clareza) por causa de uma salada de alface.

Conheci Leif logo depois que assumi meu emprego, quando ele me telefonou no escritório e disse que tínhamos amigos em comum. Depois de uma breve conversa de apresentação, ele me convidou para almoçar. As coisas estavam indo bem. Nas minhas fantasias sobre minha vida de mulher sedutora, gentis cavalheiros me telefonariam e me convidariam para almoçar.

Antes de conhecer Leif pessoalmente eu estava, como sempre, muito excitada e otimista. Dei uma busca no Google e li alguns de seus artigos. Fiquei feliz de saber que, embora fosse advogado, era do tipo certo — não aqueles lobistas que eu conhecera em Washington, mas um advogado de Chicago que ajudava as pessoas, um homem dotado de uma paixão e de uma sensibilidade que se revelariam em nosso encontro.

Procurei fotos no Google e gostei de sua aparência. Ele usava pequenos óculos sem aro como os de Trótski, o acessório perfeito para seu liberalismo. Eu o imaginei usando aqueles óculos e distribuindo alimento e green cards a multidões de imigrantes nos albergues de Chicago.

Acessei o banco de dados do *Chicago Tribune* e li matérias em que ele era mencionado. Levei nisso uma tarde inteira. Quando encontrei por acaso uma das colegas que Leif havia mencionado ao telefone, contei-lhe que ia almoçar com ele.
— Ah, Leif? — Ela soltou uma risadinha maliciosa. — Ele sai com todo mundo. Sair com Leif é um rito de passagem quando a gente acaba de se mudar para cá. Eu mesma saí

com ele lá pelos anos 1980, antes de me casar — ela disse. Não era uma recomendação, mas decidi que, apesar da inconstância de Leif, talvez sair com ele fosse uma breve incursão pela terceira divisão da liga, uma boa preparação para o jogo de verdade. Liguei para minha amiga Gay e falei sobre ele. Liguei também para minha amiga Margaret e falei sobre ele. Depois liguei para minha amiga Nancy, para Rachel e para minha mãe e falei sobre ele.

Ele escolheu um restaurante tradicional no centro — o tipo de lugar que parecia estar ali desde sempre, com garçonetes mais velhas e uma clientela fiel. A primeira coisa que notei foi que ele era magro como um talo de aipo. Será que ele fumava? Acho que não. Afinal, tinha uma boa coloração da pele. Talvez fosse maratonista. Caminhamos até nossa mesa. Disse a Leif que adorara a escolha do restaurante e ele explicou que era um clássico da velha Chicago, famoso por seu *schnitzel*, seus rolinhos de repolho e seu chucrute.

Olhamos o cardápio e a garçonete se aproximou. Como eu estava indecisa entre o *weiner schnitzel* e o espetinho misto de linguiça com salada de batatas, disse que ele podia pedir primeiro.

— Traga-me uma canja, mas sem arroz... e, por favor, sem os bolinhos de pão ázimo. Pode ser?

A garçonete tinha um forte sotaque polonês. Ela suspirou.

— Claro. Algo mais?

— Salada. Eu adoraria uma salada pequena, mas sem cogumelos e sem pimentão verde. Vocês usam o tomate normal ou o tomate cereja? Não tem importância, eu não vou querer tomate. Na verdade, apenas alface em uma tigela. Que molho vocês têm? Bem, acho que vou querer só vinagre. Só alface e vinagre.

A garçonete olhou para mim.

— Puxa. Isso é como almoçar com Meg Ryan. Você se lembra, em *Harry e Sally*? — comentei.

Leif se intrometeu:

— Ela não sabe do que você está falando — disse, apontando para a garçonete.

— Claro que me lembro. Meg Ryan não sabia o que escolher no cardápio, exatamente como você — ela disse.

Eu me decidi pelo sanduíche aberto de linguiça polonesa com pimentão e cebola. Pedi também um milk-shake de chocolate, sabendo, desde o primeiro gole, que não podia gostar de alguém mais magro que eu e que não admitia que uma garçonete pudesse conhecer um clássico da comédia, que trata, afinal de contas, de seletividade na escolha.

Leif telefonou uma vez depois daquele almoço. Quando ouvi sua mensagem no correio de voz, imaginei se não teria sido exigente e dura demais com Leif, mas foi só me lembrar da alface que voltei a não gostar dele. Não respondi ao telefonema, e ele nunca mais ligou.

Jack era um proeminente homem de negócios de Chicago. Recebi uma carta muito simpática de sua filha. "Você não me conhece, mas sou sua fã e ouvi dizer que você está solteira", ela começava. Ela se colocava, era evidente, na posição de fã. E continuava dizendo que o pai, um charmoso e respeitado homem de negócios, tinha acabado de se divorciar depois de um longo casamento com sua mãe. A filha estava entrando em contato comigo para me perguntar se eu não gostaria de sair com o pai dela.

A carta tinha todas as conotações de apelo presentes no filme *Sintonia de amor*, embora a moça fosse uma enfermeira formada de trinta anos e portanto bem grandinha para um passeio num parque temático. De qualquer forma, me senti num roteiro de comédia romântica. Eu já estava escrevendo a coluna "Vows"* do *New York Times* na minha cabeça. Entrei em contato com ela e disse que seu pai podia me passar um e-mail. Foi o que ele fez, e vi que ele era charmoso e tímido na medida certa. Marcamos um encontro.

Preciso deixar registrado que preferia namorar um palhaço de rodeio do que alguém que se define com um proeminente homem de negócios. E homens de negócios também não se interessam por mim. Estou velha demais para caber em suas fantasias de jovem bonita e burra, e às vezes lembro muito suas ex-esposas. Entretanto, um aspecto da minha vida romântica é meu constante desejo de mudar, de abandonar o que não funciona e experimentar coisas novas — infelizmente, volto sempre aos velhos padrões.

Nos encontramos num bar de hotel.

Jack me apresentou suas muitas realizações, expondo cada item da estrada reta e estreita que era sua vida. Orgulhava-se de nunca ter colocado uma gota de álcool na boca.

— Como você consegue? — perguntei, pedindo mais um drinque.

Ele disse que não gostava.

— Mas como você sabe que não gosta se nunca experimentou?

— Eu simplesmente sei.

Jack contou que sofrera muito com o fim de seu longo casamento e que estava surpreso com a atração que exercia sobre mulheres jovens. Uma vizinha estava inte-

---

* Literalmente "Votos", nome de uma sessão do *New York Times* que publica notas e reportagens de casamentos. Curiosamente, quando escreveu isso a autora não sabia ainda que seria tema de matéria nessa mesma coluna por ocasião de seu casamento, em 16 de agosto de 2008 (publicada na edição de 29 de agosto de 2008).

ressada nele, e tinham tido um caso rápido, mas ele estava muito indeciso, embora ela tivesse lindas pernas. E estava pensando em entrar para a política. Como acabara de vir de Washington, onde todo mundo pensa em ingressar na política ou em abandoná-la, esse era um assunto sobre o qual eu não queria conversar. Perguntei a ele por que estava interessado em política.

A expressão de seu rosto foi exatamente a mesma que Teddy Kennedy revelou em 1980, quando era candidato à presidência e Roger Mudd inadvertidamente torpedeou suas aspirações presidenciais fazendo a mais óbvia das perguntas: "Por que o senhor quer ser presidente?". Jack parecia ter acabado de acordar de um sono profundo num quarto de hotel que não reconhecia. Parecia desorientado.

Enquanto Jack pensava numa resposta, pedi licença e fui ao banheiro. De lá, liguei para Emily e lhe disse que, se a coisa terminasse logo, ainda poderíamos pegar um cinema e depois jantar.

— A coisa é assim tão ruim? — ela perguntou.

— Muito ruim. Quer dizer, não é horrível, mas também não é boa.

— Ugh. Homens! — ela disse.

Assim que voltei à mesa, o telefone tocou. Era Emily. Eu podia ouvi-la mudar de canal na TV em um ritmo que denunciava enfado.

— Oi, mãe. Sou eu, sua filha. Acho que torci o tornozelo. Está doendo muito.

— Oh não, querida. Você está bem? — perguntei. — Desculpe, é minha filha — continuei, olhando para Jack e apontando o telefone.

— Oh... espere. Acho que, por acidente, engoli algum veneno. Você sabe o telefone do socorro contra envenenamentos?

— Emily, estou no meio de uma conversa. Não posso... Está certo. Estou indo para casa. — Suspirei.

— Vou pegar o ônibus 151 e encontro você na porta do cinema — ela disse, antes de desligar.

Meu encontro com o proeminente homem de negócios tinha seguido seu curso natural. Voltei-me para ele:

— Desculpe. Tenho que ir. Parece que minha filha está precisando de mim. Foi bom te conhecer e boa sorte!

Encontrei Emily no cinema e, mais uma vez, cheguei à conclusão de que minha filha ainda era minha melhor companhia.

Mais tarde, o proeminente homem de negócios concorreu a um cargo público, várias vezes, dando a milhares de pessoas a oportunidade de votar em outra pessoa.

Logo depois do divórcio, minhas tentativas de encontrar um parceiro não deram certo. Algumas de minhas experiências posteriores também não deram certo, mas por razões diferentes. Chorei muito no meu primeiro encontro depois do divórcio — um encontro arranjado com um advogado de Washington. Quando parei de chorar, ele me disse que tinha um ótimo terapeuta, que o ajudara a superar o fracasso de seu casamento. Eu estava envergonhada demais para me encontrar com ele de novo, mas marquei uma hora com o seu terapeuta.

Minha segunda tentativa foi com um arquiteto. "Maravilha!", pensei. Adorei a ideia de estar com alguém que, por força da profissão, tinha que visitar seus "locais de trabalho" e usar um capacete de proteção, mas não era um motorista de caminhão. O arquiteto disse que praticava judô e que odiava a ex-mulher, que estava jogando os filhos contra ele. Não gostei do arquiteto, mas decidi que iria para a cama com ele se tivesse oportunidade. O arquiteto me rejeitou por razões estruturais. Suas palavras exatas foram: — Não gosto do seu corpo. — Apesar dessa avaliação grosseira, algumas semanas depois ele me telefonou.

— Estou aqui perto, num *workshop* sobre raiva masculina, e pensei se você não gostaria de tomar um drinque mais tarde — ele convidou.

— Bem, do que você tem raiva? — perguntei, embora tivesse certeza de saber a resposta.

— Das mulheres — ele disse.

Decidi declinar do convite.

A rejeição por razões estruturais me fez desistir dos homens por um bom tempo, estabelecendo um padrão que persiste até hoje. Eu me envolvo em rápidos surtos de interesse, seguidos por longos períodos de feliz solidão. As fases de solidão não ocorrem necessariamente porque estou descontente com minhas escolhas ou meus projetos, mas principalmente porque estou cansada. Conhecer pessoas novas é exaustivo, mas a solidão é igualmente cansativa.

Quando Emily era pequena, essa minha inconstância combinava bem com nossa vida familiar. Quando queria sair, arranjava uma *baby-sitter* e não obrigava minha filha a conviver com os homens nos quais eu estava interessada. A última coisa que eu queria era ter que defender minhas escolhas ou partilhar minhas decepções amorosas com uma criança. Também não queria que ela soubesse da confusão que era a minha vida romântica.

Assim que me recuperei do arquiteto, passei por uma fase de fantasiar (e pôr em prática) encontros com homens que conhecera na faculdade. Isso durou alguns meses, porque eu tinha frequentado uma ótima universidade, onde havia vários candidatos interessantes. Algumas dessas experiências acabaram se transformando em relacionamentos. Namorei um advogado (outra vez) de Nova York e um roteirista de Los Angeles. O advogado era um doce. Durante um bom tempo, nós nos encontrávamos quase todos os meses, sempre que levava Emily a Nova York para ver o pai (meu ex tinha se casado com a namorada e se mudado para Manhattan). Mas, quanto mais o conhecia, mas distante ele ficava. Parecia viver numa escala descendente de afeição. À medida que nos tornávamos mais íntimos, ele parecia mais inquieto. Um dia, ele me disse que jamais faríamos sexo. Eu gostava tanto dele que cheguei a pensar em manter um eterno relacionamento platônico, até que, finalmente, ele foi se ausentando e não tive outra opção senão deixá-lo desaparecer. Ele era como a neve, que se derrete aos poucos quando chega a primavera.

A experiência com o roteirista levou mais tempo. No início, tinha o potencial de uma grande paixão, mas na verdade estávamos em dois diferentes filmes românticos. O meu era um musical de Busby Berkeley.* O dele devia ser um filme dirigido por Quentin Tarantino chamado *The Bipolar Express*. Ele me contou que tinha ficado noivo várias vezes, mas não conseguia entender por que nunca se casara. Alguma coisa sempre dava errado.

Comecei a desconfiar de que estava numa enrascada quando ele me pediu em casamento em nosso primeiro encontro. Depois ele viajou para Washington e me pediu em casamento em nosso segundo encontro. Esse comportamento parece melhor no papel do que na vida real. No papel soa como uma história engraçadinha que você guarda para contar aos netos. Na vida real é ameaçador. Anos mais

---

* Busby Berkeley (1895-1976), coreógrafo e diretor norte-americano, famoso pelos elaborados e caleidoscópicos números musicais, nos quais usava legiões de coristas, entre eles os musicais de Esther Williams. (N. da T.)

tarde, depois que voltamos a ser amigos, ele me contou que foi um bêbado inconsciente durante aquela fase da vida.

A maior parte de minha vida amorosa não passara de uma série de breves ligações e desencontros. Ele está preparado e eu não. Eu estou a fim, mas ele não está interessado. Ele está interessado, mas eu não gosto dele. Estou louca por ele, mas ele ama outra. Não aprovo sua atitude com as crianças e ele não aprova minha carreira. Eu corro atrás dele na rua e ele se esconde num beco.

Sven, por exemplo, era cinco anos mais novo que eu. Gostava de viagens de aventura, e eu gostava dele. Ele morava em Nova York, e um dia, quando viajei para lá, telefonei para ele e saímos para jantar. Tivemos uma conversa inteligente. Nos beijamos na rua e eu adorei. Depois de semanas de idas e vindas, tivemos uma noite romântica e no dia seguinte ele me pediu para ir encontrá-lo num café. Ele me perguntou o que eu pensava dele. Diante daquele "O que você pensa de mim e o que você espera deste relacionamento?", eu disse:

— Bem, acho você incrível e estou dentro.

— Está dentro? — ele perguntou.

— Sim, estou dentro. Como no futebol da escola, quando a gente escolhe o lado. Estou do seu lado.

— Você é muito legal — ele disse.

Lembro de ter dito a ele que achava que a vida era curta demais para a gente se preocupar com o que os outros pensam de nós.

— Sim, senhor. Eu gosto de você. E, sim, eu sou legal. Mas não conte pra ninguém e, por favor, não ponha tudo a perder.

Duas semanas depois, fiquei sabendo que Sven ia sair numa viagem de aventura com a antiga namorada. — Não sei no que isso vai dar — ele me disse ao telefone. Mas eu sabia no que ia dar, e eu estava fora.

Amigas e irmãs são a melhor parte do namoro. Elas passam horas decifrando datas, analisando-as numa detalhada linha do tempo. Pedem um relato pormenorizado do que ele disse e do que você disse. Perguntam se o encontro terminou em beijo de verdade, em selinho, em abraço, em aperto de mãos e ou em uma fuga desenfreada no meio da noite. Ouvem quando você ouve a mensagem que ele deixou no telefone celular vinte vezes e comentam, num timbre de voz cativante: — Oh, a voz dele é tão charmosa! Vamos ouvir de novo. — São solidárias quando você se pergunta se a mensagem foi apenas uma desculpa educada ou um convite para ligar de volta. Ajudam você a decidir que deve ligar de volta e, cinco minutos depois, dizem: — Sabe? Estive pensando e acho que você não deve ligar. Vamos esperar que ele dê outro passo.

Depois de sair com três homens, um atrás do outro, que com certeza eram gays, resolvi conversar com minha mãe. Eu só contara a ela sobre meu namorado mais recente, um cara da minha igreja com quem fui assistir a *O beijo da mulher-aranha*. Assim que a cortina se abriu, eu soube que ele era gay. Não sei se ele sabia que era, mas com certeza não seria eu a contar a ele.

Eu estava na cozinha de minha mãe.

— Mas por que motivo um gay ia querer me namorar? — eu lhe perguntei.

— Pense um pouco, Amy. Você é agradável, apresentável e adora peça musical. Como não gostar? Você é a parceira ideal!

Quando ficou mais velha, Emily também passou a ser consultora de meus namoros. Sua participação em alguns de meus vários fiascos é uma prova de que, se você tiver paciência para esperar, seus filhos poderão colaborar. Emily, por exemplo, se julgava uma especialista em avaliar compatibilidades. E, quando não tinha certeza, não se envergonhava de recorrer aos espíritos através da Tábua Ouija em busca de confirmação: — Lamento, mãe. Aqui diz que as perspectivas não são boas.

As mulheres da minha vida diziam coisas como: "Quer saber o que eu acho? Se quisesse realmente um homem, você já o teria encontrado". Trata-se de uma provocação. Parece verdade, mas não é. Outras diziam: "Quando você parar de procurar, ele vai aparecer", ou "Você tem que sair. Entre numa aula de dança de salão. Você nunca vai conhecer alguém sentada na sua casa". E, finalmente: "Você vai encontrar alguém quando menos esperar".

Como eu levava todos os conselhos a sério, passei anos procurando, não procurando, esperando, não esperando, agindo, telefonando, admitindo que sentia atração, negando que sentia atração e entregando meu destino nas mãos do universo. Nada disso resolve. Mas tudo funciona. A busca de uma ligação é meu impulso mais essencial e belo. Tento aproveitar qualquer iniciativa — mesmo quando mal-dirigidas, não correspondidas ou totalmente estúpidas. E tento me lembrar disso quando minhas buscas amorosas me fazem chorar copiosamente no banheiro ou — pior ainda — quando levam a uma série de encontros em cafés que resultam numa imensa mistura descafeinada.

Anos atrás, Emily e eu estávamos em Freeville para o Natal. Era uma noite de sábado, e minha mãe e minhas tias estavam reunidas na casa de tia Millie. Tínhamos combinado jogar cartas. Emily saiu para a casa de tia Millie um pouco antes de mim — fiquei para alimentar o gato.

Estava uma linda noite, escura e fria. A neve havia caído durante o dia e, contra as luzes ao longo da Main Street, os flocos pareciam suspensos — congelados no ar. Enquanto eu caminhava pela calçada em direção à casa de tia Millie, vi um homem vindo em sentido contrário. Quando nos cruzamos, eu disse um olá e ele ergueu os olhos para me olhar.

Não havia dúvida: era Brian, meu amor de juventude. Eu não o via havia vinte e cinco anos, mas, a não ser pelos cabelos grisalhos, ele estava exatamente igual.

— Meu Deus! O que você está fazendo aqui? — perguntei.

— Estava procurando você — ele respondeu.

Brian estacionara o carro no fim da Main Street e decidira caminhar para ver se me encontrava. Não tinha a menor ideia de que eu tinha uma casa em Freeville — da última vez que soube de mim, eu vivia em Washington. Mas, como lembrava onde tia Millie morava, decidira dar uma passada por lá.

Convidei Brian a ir comigo à casa de tia Millie. Quando entramos, foi uma excitação geral. De todos os homens da minha vida, inclusive meu marido, Brian era o preferido da família. Era um rapaz bom, gentil, e me amava. Éramos namoradinhos de escola e, mesmo quando fomos para universidades diferentes e concordamos em namorar outras pessoas, continuamos em contato e nos encontrávamos de vez em quando nas férias. Depois da faculdade, Brian ingressou no Corpo de Paz, e trocávamos cartas doces e sentimentais. Quando ele saiu do Corpo de Paz, foi diretamente a Washington para me encontrar. Eu não o via havia dois anos.

Vinte e cinco anos atrás, numa esquina de Washington, eu disse a Brian que havia alguém em minha vida. Esse alguém era o homem que, depois de anos de um relacionamento tempestuoso, se tornou meu marido e depois me abandonou. Naquele dia, quando Brian entrou num táxi, eu estava tão aliviada de me livrar dele que nem perdi tempo em vê-lo partir. Até hoje, nunca mais fui tão cruel.

Brian se sentou conosco na sala de tia Millie e nos falou de sua mulher e seus dois filhos. Viviam na Flórida, onde ele era professor. Os dois filhos tocavam violino na orquestra jovem e tinham acabado de chegar de uma viagem à Irlanda, onde foram conhecer a música celta. Vimos pelas fotos que era uma família encantadora. Ele se interessou pela vida escolar de Emily e perguntou se ela gostava de esquiar ou patinar no gelo. Brian estava na cidade porque viera buscar a mãe para levá-la para viver numa casa de repouso na Flórida.

Levei Brian até o seu carro e sentei-me ao lado dele no banco da frente, enquanto esperávamos que o carro aquecesse. Ele sabia do meu divórcio.

— Naquele dia, há tantos anos, levei apenas cinco minutos para romper com você, mas quero que você saiba que foi exatamente o que meu marido fez comigo. Posso imaginar o que você deve ter sentido, e o mínimo que posso fazer é me desculpar. Você é bom demais para ter algum prazer nisso, mas eu queria que você soubesse.

Eu posso ter um certo prazer, Amy — ele disse. Nós nos abraçamos e nos despedimos. Dessa vez, esperei até ele desaparecer de vista.

Voltei caminhando pela Main Street, seguindo a trilha que nossas botas tinham deixado na neve. Queria contar a Emily a nossa história, para que ela aprendesse que as coisas que a gente diz e faz hoje voltam para nós várias vezes, como num ciclo cármico. Queria lhe dizer que os sentimentos que ela tem agora que é jovem são os mesmos que ela terá quando for velha, e que ela deve tentar não ter medo deles. Queria que ela fosse ousada em suas escolhas, mas cuidadosa em seus atos. E que nunca fosse cruel com alguém que a amasse, porque o arrependimento é a única verdadeira tragédia do amor.

Ano passado, Emily me contou que queria convidar um garoto para o baile de formatura. Senti meu coração apertado. Tive medo de que, no clima emocional da formatura, ela sofresse ao ver sua paixão não correspondida. Eu não estava preparada para vê-la enfrentar a rejeição que muitas vezes ocorre quando a gente expõe nossos desejos. Mas o garoto aceitou o convite. Chegou em casa antes do baile com um buquê de flores e se submeteu de bom grado às fotografias. Fiquei encantada de ver que Emily tinha excelente gosto no que dizia respeito ao sexo oposto. Depois, fui para a cama ansiosa. O telefone tocou às duas da madrugada. Quase não consegui ouvir a voz de minha filha tentado se sobrepor à música.

— Mãe, estou me divertindo muito! — ela gritou. E eu pensei: "Bem, lá vamos nós".

Nove

O auge da esquisitice*

Esquisita, como eu

Quando Emily completou dez anos, tive a confirmação — quase diária — de quanto ela era *fácil*. Algumas de minhas amigas que eram mães de adolescentes já tinham desistido de educá-los. Seu objetivo era sobreviver, fechar os olhos e simplesmente esperar para ver no que ia dar. Eu não as culpava: diante das experiências adolescentes (mentiras, bebida, batidas de carro), eu teria feito o mesmo.

Emily não era como eles. Tinha um telefone celular, mas raramente o usava. Não se interessava muito por moda, por carros ou por namoros. E quase sempre era muito carinhosa comigo.

Eu podia me orgulhar de ter algum crédito por isso — fiz o melhor que pude. Eu a educara para se preocupar com o meu bem-estar tanto quanto eu me preocupava com o dela.

Mas havia uma coisa que, provavelmente mais que qualquer outro fator, fazia da minha filha a menina que ela era.

---

* No original, *dorkitude*, palavra sem tradução perfeita em português, porque uma substantivação de *dork*, que qualifica uma pessoa inepta socialmente, mas, paradoxalmente, muito inteligente, como um *nerd*. (N. da T.)

Emily não tinha herdado apenas meus olhos escuros e minha testa estreita; herdara também outro traço familiar: uma total e completa "esquisitice". Essa disposição natural pode aparecer em qualquer fase do desenvolvimento de uma criança, mas em Emily percebi os sinais desde o jardim de infância.

Eu costumava observá-la no *playground* — uma menina de cinco anos dotada de uma excepcional tranquilidade. Os meninos tinham nome e sobrenome: Carter, Simpson e Bailey. As mães os vestiam com jaquetas de couro de aviador e *jeans*. Eram os donos da gangorra e os reis do trepa-trepa. As meninas — todas chamadas Taylors e Haleys — usavam *leggings*, suéteres e tamancos de plástico, com os quais, não sei como, conseguiam correr sem cair. Reuniam-se em grupinhos perto dos balanços, ensinando umas às outras a arte secreta da fofoca.

Eu sempre encontrava Emily longe dos brinquedos, sob uma frondosa árvore, brincando com a turminha que não tinha reino. Eram os refugiados do jardim de infância, tentando criar um mundo próprio com o que lhes restava.

Quando Emily me via, corria até a cerca.

— O que vocês estão fazendo? — perguntei uma vez.

— Fazendo de conta.

— Fazendo de conta que são o quê?

— Que somos cachorros.

Emily fez de conta que era um cachorro durante mais de um ano. Depois, passou a fazer de conta que era uma florista.

Quando chegou a época do charme feminino, da habilidade atlética, do talento competitivo para o balé, para a patinação ou para o *kung fu* que meninos e meninas de hoje devem possuir, minha filha e eu estávamos na fila do ônibus a caminho da biblioteca pública.

Todos os anos, no aniversário de Emily, dávamos uma festinha no nosso apartamento para as amiguinhas de quem ela mais gostava. Emily era a única da turma que morava em um apartamento — as outras crianças moravam em "casas de verdade", com gramados na frente, e tinham pai e mãe. Suas festas de aniversário eram verdadeiros festivais de brincadeiras, em que se apresentava uma popular bailarina-*clown* que atendia pelo nome de Princesa Patty e cujo número incluía dança, varinha de condão, pó mágico e diferentes caracterizações. A Princesa Patty me dava uma sensação desagradável, principalmente porque usava dois círculos vermelhos brilhantes nas faces e falava com uma voz estridente como se fosse movida a hélio.

No oitavo aniversário de Emily, ela apagou velinhas em casa e depois levei todas as meninas de metrô para o planetário do National Mall. Fiquei surpresa ao saber que nenhuma delas tinha viajado de metrô ou visitado as atrações do parque. Quase todas as sextas-feiras, eu e Emily íamos ao parque para patinar no gelo ou dar uma volta no Carrossel Vitoriano. Era para lá que íamos depois de passear pelo edifício do Capitólio ou pela Galeria Nacional pela milésima vez. Para nós, era como se fosse o nosso jardim.

Depois do planetário, levei as meninas de volta ao nosso apartamento. Enquanto esperávamos que os pais viessem buscá-las, pedi que elas me dissessem o que queriam ser quando crescessem. Seus desejos refletiam a alta expectativa dos pais. Hannah queria ser estrela de cinema. Caroline estava pensando em ser diplomata. Elizabeth achava que ia ser economista, mas ainda não tinha certeza, porque também pensava em concorrer a um cargo no Congresso.

Isabel queria ser cirurgiã plástica — não um desses cirurgiões plásticos que consertam narizes, mas aqueles que vão para a República Dominicana operar crianças com deformidades faciais, ela explicou.

Aí chegou a vez de Emily, a aniversariante e última do grupo.

— Quero ser optometrista e ter uma loja de óculos — ela disse.

Eu também fora uma esquisita por muito tempo. Uma forte tendência à esquisitice parece dominar nossa família, atacando aleatoriamente seus membros com o desejo de ingressar num grupo de dança folclórica ou num madrigal. Não somos bons em matemática ou ciência, de modo que, infelizmente, em nosso clã a esquisitice não se manifesta na excelência acadêmica, mas em cantar música elisabetana e fazer caminhadas — usando as roupas mais lamentáveis.

Na verdade, passei por toda a escola secundária pensando que havia escapado à maldição da família. Eu praticava esportes, fazia o papel principal nas peças da escola, era boa aluna, líder de torcida e vice-presidente de tudo. Mais tarde, na universidade, comecei a notar sinais de uma repentina e avançada esquisitice quando, por vontade própria, entrei para o madrigal da universidade. Infelizmente, nossa estreia foi na noite em que eu teria que sair com um cara no qual estava muito interessada. Em vez de preservar minha autoestima marcando outra data para o encontro, levei-o ao grêmio da faculdade — local de nossa apresentação — e, depois de uma primeira cerveja, disse: — Com licença, volto logo. — Minutos depois, como um super-herói descendo do monte Esquisitópolis, saí do banheiro usando uma ridícula capa de veludo e chapéu e me juntei ao coro, todos vestidos da mesma forma, sob um poste vitoriano, para cantar *Hey nonni nonni*. Depois, de braços dados, giramos em círculos pela pequena sala.

Emily, que tinha cinquenta por cento de chance de ser normal como o pai, manifestou uma tendência precoce — provavelmente porque eu a estava educando. Entre os sintomas, percebia-se um sério interesse por livros, talento musical, vontade de ir a museus e a falta de habilidade total para atirar ou apanhar uma bola. Eu piorava as coisas me recusando a expô-la aos mesmos meios de comunicação aos quais outras crianças se submetiam. Ela era criada com os programas da NPR e filmes antigos — principalmente porque era disso que eu gostava. Só compreendi o impacto dessa escolha quando ouvi Emily, aos quatro anos, sentada na sua cadeirinha no carro, imitar Terry Gross:*

— Oi, aqui fala Terry Gross, e este é o programa *Ar Fres-s-s-s-s-co* — ela dizia, pronunciando a palavra com um S aspirado, exatamente como a apresentadora fazia.

Uma vez, no Halloween, enquanto as outras crianças se fantasiaram de Power Rangers ou das Meninas Superpoderosas, Emily preferia se vestir como Laura Ingalls Wilder,** com chapéu, xale e um acessório arranjado por ela: uma colher de pau.

Como todo o nosso clã esquisito, Emily aceitava com espontaneidade esse traço de caráter, o que era um grande alívio para mim, porque significava que, mesmo pequena, ela me acompanharia de bom grado a um espetáculo sobre a vida de Noël Coward, um documentário sobre os

---

* Terry Gross (1951-) era coprodutora e apresentadora de *Fresh Air* (Ar Fresco) na NPR — National Public Radio. (N. da T.)

** Laura Ingalls Wilder (1867-1957), autora de livros para crianças baseados em sua infância numa família de pioneiros. Sua obra mais conhecida é *Uma pequena cidade na campina*.

nazistas que viviam no Brasil, uma ópera cômica de Gilbert e Sullivan, e, como de fato aconteceu, às audiências do *impeachment* de Bill Clinton. Eu lhe disse que se ela tivesse que escolher entre ir a uma festinha da escola ou comparecer às históricas audiências do *impeachment* do quadragésimo presidente, era muito simples: ela devia ir às audiências — o que, naturalmente, ela fez.

O período da escola secundária é difícil para qualquer garota, mas Emily voltou das férias tendo que dizer às amigas que a mãe a tinha levado ao Festival Nacional de Contadores de Histórias em Jonesborough, Tennessee, e não à Disney ou à praia. Ela também carregava a vergonha de nunca ter feito compras na The Limited. Felizmente, Emily parecia estar vacinada contra os altos e baixos da adolescência. Sempre sabia escolher boas amigas, mesmo no campo minado que era a sétima série. Parecia ser capaz de identificar uma "menina má" a distância e, usando outro estudante como escudo humano, abria caminho para as aulas de clarinete ou para os ensaios do coral. Emily conseguiu uma vaga cobiçada no coro infantil da cidade de Washington, e fiquei aliviada de vê-la, duas vezes por semana, conviver com crianças como ela — crianças inteligentes, dotadas de uma personalidade não convencional.

Essa esquisitice de Emily lhe serviu muito bem quando ela chegou à nona série e teve que mudar de cidade e de escola. Ela nunca se preocupou em se adaptar, porque nunca presumiu que se adaptaria. Rapidamente, encontrou o seu lugar: além de participar das atividades de teatro e de música na escola, visitava museus, descobriu a ópera e encontrou cinemas aonde podia ir com as amigas.

Felizmente, a escola de Emily em Chicago era pequena. Por isso, o coral imediatamente a descobriu. Era um coral com figurinos, montes de figurinos — não os uniformes que ela estava acostumada a usar em Washington, mas vestidos de veludo com coletes em cores contrastantes debruados de fita. Os meninos usavam jaquetas justas e calções, camisas de mangas bufantes como as dos piratas e chapéus pontudos de veludo vagamente eclesiásticos, algo que o papa poderia usar em férias. Emily me contou que alguns meninos se sentiam constrangidos de usar uma meia-calça da mãe sob os calções.

Foi Emily quem chamou a quase tragédia que ocorreu com o seu coral de "o auge da esquisitice", o que me preocupou, porque considerar alguma coisa o auge em tão tenra idade podia gerar uma enorme decepção mais tarde. Vamos analisar as evidências. Realizamos ensaios de laboratório, chamamos a equipe forense e chegamos à conclusão de que o que aconteceu no palco da Frances Parker School de Chicago naquela noite de primavera foi sem dúvida um divisor de águas, o momento em que seu caráter foi submetido à prova.

O madrigal estava fazendo um ensaio dos figurinos que usaria no concerto de primavera que seria realizado na noite seguinte. Alguns pais estavam presentes no grande auditório para assistir ao ensaio. As crianças — umas vinte ao todo — entraram no palco vestidas em suas roupas de veludo, parecendo saídas de uma produção itinerante de *Kiss me, Kate.** Emily era a mais alta do grupo, maior que os tenores — um grupo de garotos da nona série à espera de que a voz mudasse junto com o aparecimento dos primeiros pelos de barba.

---

* Musical de Cole Porter baseado em *A megera domada* de Shakespeare. (N. da T.)

O grupo se colocou no centro do palco e começou a cantar. Muitas crianças pareciam desconfortáveis em suas vestes de veludo e brocado, revelando nos olhos a mortificação que a situação impunha. As sopranos, acostumadas a usar blusinhas que deixam a barriga à mostra, minissaias e botas, pareciam desejar que a terra se abrisse sob elas e as engolisse. (Presumo que os pais as tivessem feito ingressar no coral para rechear seus currículos da escola secundária.) Emily estava na última fila, ao lado de um barítono grandalhão. Com seu vestido azul e chinelos, notei que ela parecia totalmente à vontade. Ela simplesmente cantava, e a música fazia com ela o que costuma fazer: levava-a a algum lugar distante. Vendo-a ali de minha poltrona no auditório, não pude deixar de pensar que minha filha parecia ter uma completa imunidade contra os desejos da manada.

Eu via o futuro de Emily se desenrolando como um filme antigo. Ela leria livros didáticos por prazer. Daria gargalhadas com as próprias piadas. Compareceria a uma conferência sobre Tolkien.* Iria a uma festa à fantasia vestida como uma Wookie.** Sairia de pelo menos um banheiro durante um encontro amoroso com um rastro de papel higiênico colado ao sapato. Quando o verdadeiro amor chegasse, marcaria o momento vomitando. Atravessaria a cidade com um saco de supermercado sobre o capô do carro, indiferente aos acenos e gritos dos transeuntes. Enfim, minha filha teria uma vida singular. Rezei ao Deus da Normalidade que ela também fosse feliz.

---

* John R. R. Tolkien (1892-1973), professor de literatura sul-africano, autor de *O senhor dos anéis*, entre outras obras. (N. da T.)

** Em *Guerra nas estrelas*, humanoides cobertos de pelos, a espécie mais temida da galáxia. (N da T.)

O grupo cantava o primeiro coro de *So well I know who's happy* quando ouvi um estalo. Uma tábua do palco tinha rachado e começava a entortar. Como um protozoário sobre a lâmina de um microscópio, o grupo se inclinou em bloco, moveu-se ligeiramente para a direita e, obedecendo ao comando do regente, continuou a cantar.

> *So well I know who's happy*
> *Too well I know who's happy*
> *Fa la la la*
> *La la la la la la la.*

Foi então que o velho palco de madeira decidiu que não conseguia mais suportar aquela coleção adolescente de veludo e harmonia. Com a rapidez de um raio, uma cratera do tamanho de um Buick abriu-se no palco. Os cantores caíram de lado e de costas — braços voando, veludos ondulando — e foram engolidos em rápida sucessão pelo buraco. Três pares de pés — um usando tênis e dois calçados em chinelos — permaneceram acima da linha do palco, agitando-se brevemente antes de desaparecer.

As testemunhas de desastres naturais sempre notam a rapidez com que eles ocorrem. Isso acontece porque os desastres, como os bons romances, contêm o elemento-surpresa. Por um instante, eu me perguntei se as sopranos tinham conseguido o que queriam. Será que a mortificação adolescente era suficientemente forte para violar o *continuum* do espaço-tempo? Será que seu desejo criou um turbilhão capaz de arrastar o grupo de volta ao século 17 e fazê-lo pousar em uma pequena cidade de Derbyshire — onde eles finalmente encontraram o seu lugar?

Fui a primeira a chegar ao palco. Parei na borda do grande buraco e olhei para baixo. Era um massacre de veludo — uma confusão de pernas e torsos aparentemente desvinculados. As saias tinham voado sobre as cabeças. Mangas bufantes cheias de ar pareciam balões inflados. Ouvi um leve lamento, mas no mais o silêncio era alarmante. O porteiro da escola juntou-se a mim e começamos a puxar as sopranos para fora. Embora aparentemente não estivessem feridas, no momento em que se sentiam em liberdade as meninas arrumavam o cabelo e só depois começavam a chorar, correndo para os pais na plateia, alguns dos quais já telefonavam para seus advogados. Visualizei muitas sessões de terapia em seu futuro. ("Doutor, o que isso significa? Na noite passada sonhei de novo com um diapasão. Acho que desenvolvi um medo irracional de brocado.")

Uma a uma, puxamos as crianças para fora da cratera, liberando-as, mancando, para o abraço dos pais. Milagrosamente, nenhuma parecia ferida. Por ironia, provavelmente foram os metros e metros de veludo que amorteceram sua queda e impediram qualquer dano físico (se não psíquico). Emily estava debaixo do monte de corpos, sob um minúsculo tenor. O menino tinha a meia-calça rasgada e um joelho sangrando um pouco. Envergonhado, ele limpou uma lágrima quando nós o ajudamos a sair. Olhei para Emily. Ela era um grande X de veludo estendido no chão. Em silêncio, ela se sentou e depois se levantou, arrancou uma farpa do assoalho da saia e ergueu os braços para ser içada. Quando chegou à borda da cratera, olhou para o ajuntamento de pessoas — àquela altura já havia uma pequena multidão, que incluía o diretor da escola e metade do time de basquete — e depois para mim.

Observei seu adorável rosto. Estava preparada para acariciá-la e apoiá-la como fizera tantas vezes em sua vida.

Queria aproveitar aquele momento instrutivo, embora não pudesse chegar à lição adequada. Eu me perguntei até que ponto ela estaria chateada por eu tê-la trazido de Washington para Chicago, obrigando-a a se envolver no exaustivo e quase sempre infrutífero ritual de tentar ser alguém em uma nova escola. Eu tinha lhe contado que tinha levado um rapaz em quem estava interessada a uma apresentação do coral no grêmio da faculdade — o que eu não sabia é se tinha lhe contado que o rapaz em questão era seu pai. Queria que ela soubesse que às vezes as pessoas nos amam apesar de nossa "esquisitice" — e, às vezes, se a gente tiver sorte, elas nos amam exatamente por causa disso. Lembrei de meus maiores momentos de constrangimento, como naquele casamento na primavera passada, quando procurei uma caneta no bolso para escrever meu telefone para um paquera e tirei um absorvente interno. O que eu queria lhe dizer era que a gente se acostuma.

— Bem, aconteceu — Emily disse, como se tivesse esperado a vida toda por isso e agora pudesse eliminar o acidente de sua lista de humilhações. Em seguida, fez uma pequena reverência. Houve um começo de aplauso. Então ela riu. De todas as pessoas naquela sala, era a única que estava rindo.

Naquela noite, a camada exterior da galáxia do reino da esquisitice se expandiu. Emily a perfurou e abriu caminho para o lado de lá. E, violando a predisposição familiar, sua educação e as expectativas do resto do mundo — ela emergiu "numa boa".

Dez

Um homem casadouro

Meu pai me ligou no último verão:
— Aqui é seu pai. Atirei num urso e parece que vão me levar ao tribunal.

Ouvi a mensagem algumas vezes. Emily e eu estávamos na cozinha, ao lado da secretária eletrônica, olhando-nos sem dizer nada. A voz dele estava nasalada e séria, e a pronúncia era monótona e cheia de ditongos. Eu não a ouvia há muito tempo. Ele me pedia para ligar e deixava o número de seu telefone.

Emily não convivera com o avô. Só o vira algumas vezes, e sempre em encontros rápidos. Eu também não tinha um relacionamento com ele; o que havia entre nós era o que um cientista social provavelmente chamaria de "afastamento benevolente". Depois de anos de mágoa por ele ter abandonado nossa família, seguidos de outros tantos anos com medo de ser capaz de uma decisão semelhante, percebi que, apesar de partilharmos alguns traços familiares — a cabeleira abundante, o formato dos olhos, uma queda por equipamentos agrícolas e uma tendência a monopolizar as conversas —, tínhamos gostos muito diferentes. Ele gostava de partir; eu gostava de ficar. Ele só procurava a família uma ou duas vezes por ano, sempre no verão, quando chegava a Freeville sem aviso e visitava a casa de uma das filhas, escolhida aleatoriamente — quase sempre quando eu não estava. Depois de muitas temporadas em Freeville, passei a ver meu pai como uma espécie de colheita exótica de verão, como a abóbora, que só cresce quando a gente não está perto para ver. Aquele telefonema era a primeira mensagem que recebia dele em toda a minha vida.

Liguei para o número que ele deixara. Sua mulher, Pat, atendeu. Percebendo que esquecera o nome dela, simplesmente me apresentei e perguntei pelo meu pai.

— Ele está lá fora com as suas abelhas, mas vou chamá-lo. — Ouvi sua voz viajando para fora da porta: — Charrrleeeees!!! — Eu nunca ouvira ninguém chamá-lo de Charles. Todo mundo o chamava de Buck, apelido que recebera da mãe desde que era pequeno. Diz a lenda familiar que ele era tão agitado que não conseguia parar quieto, exatamente como um cervo.* Como sempre pensei num cervo como um rei das florestas, dono de uma majestosa galhada, esse apelido nunca fez sentido para mim, até que percebi que provavelmente ele não tinha a ver com um cervo, mas com um cavalo indomável.** Seja como for, o apelido lhe caiu bem. Era o nome de alguém que não queria ser Charles.

Meus pais ficaram casados por vinte e dois anos. Minhas duas irmãs, meu irmão e eu passamos a maior parte de nossa infância em nossa fazendinha de cem acres na Mill Street — logo depois dos limites da cidade de Freeville. Depois que decidimos passar os verões na cidade, Emily e eu de vez em quando pegávamos nossos caiaques e descíamos o Fall Creek, que nos levava até a casa e os pastos da nossa antiga

---

* *Buck* é a denominação de vários animais machos, entre eles o cervo, o coelho, o antílope e o cabrito. (N. da T.)

** Em inglês, *bucking bronco*. (N. da T.)

fazenda. Não era agradável de ver — aquela área deteriorada cortada por um riacho desgovernado —, mas aquele pequeno pedaço de terra da minha infância me trazia lágrimas aos olhos. Eu o amava de uma maneira irracional.

Uma visão me perseguia: a de meu pai atravessando o campo atrás de nosso estábulo. Para onde ele ia? Seu andar era flexível e decidido. Ele enchia seu balde em um poço e cultivava uma agitação agressiva que lhe trazia problemas. Ele amava os atalhos, as reviravoltas da sorte e as maneiras pouco convencionais de ganhar dinheiro, que às vezes envolviam outros homens, que, como ele, costumavam resolver suas pendengas com um soco no nariz. Era um homem arrogante e grosseiro, um iconoclasta atlético que odiava ser controlado. Mas também era atraente como um astro de filme B, com o jeito de Glenn Ford e o ego de um déspota caribenho. Eu gostava de observá-lo, mas não da maneira como as filhas gostam de ver seus pais. Ele parecia um animal. Imprevisível. Na hora da ordenha, agachado ao lado das agressivas Holsteins em nosso estábulo, com um cigarro enrolado à mão pendendo dos lábios, ele amaldiçoava as vacas e gritava ordens à sua equipe de ajudantes: três filhas desinteressadas e um filho mudo. Rachel, Anne e eu estávamos mais interessadas em praticar os pulinhos de líderes de torcida do que em nos tornarmos "leiteiras", como nosso pai às vezes se referia a nós.

Nosso irmão Charlie fazia o que ele mandava com uma indiferença mal-humorada — às vezes a única maneira de lidar com os gritos de nosso pai —, enquanto a letra de *Running with the devil* passava por sua cabeça. Nosso pai deve ter desconfiado desde cedo de que os filhos não se transformariam nas princesinhas leiteiras ou no futuro fazendeiro de seus sonhos, e no entanto lá estávamos nós — no estábulo, trabalhando.

Para enfrentar nossas constantes dificuldades financeiras, meu pai também trabalhava como metalúrgico. Ele dizia que gostava de trabalhar ao ar livre, pendurado nos andaimes dos edifícios. Entre a ordenha da manhã e a da tarde, passava dias trabalhando o ferro ao lado de indígenas *mohawk* recrutados nas reservas próximas. (Ele dizia que gostava de trabalhar com equipes de índios porque — como ele — eles não tinham medo.)

Meu pai foi embora quando eu tinha doze anos. Até onde sei, foi uma partida repentina. Ele viajava cada vez mais para assumir seus empregos na construção civil, mas não deu nenhum sinal de que sairia de casa para sempre. Nossas cinquenta vacas ficaram no pasto, precisando ser ordenhadas duas vezes por dia. Um vizinho se ofereceu para fazer a ordenha da manhã, enquanto eu, minhas irmãs e meu irmão nos encarregávamos da ordenha da tarde quando voltávamos da escola.

As tarefas de fim de tarde sempre foram para nós um momento caloroso e divertido. Para mim e para minhas irmãs, as regras sociais e a hierarquia que dominavam nossa vida na escola secundária deixavam de funcionar na porta do estábulo. Rachel e Anne nem davam sinal de me conhecer quando me encontravam nos corredores da escola, mas no estábulo me tratavam quase como uma igual: contavam-me as fofocas, se queixavam dos professores e me ensinavam a letra da mais recente canção dos Three Dog Night que tinham ouvido no rádio.

Depois que nosso pai foi embora, o silêncio e a ansiedade passaram a reinar em nosso estábulo. Charlie, que só tinha dezesseis anos e era um fazendeiro indiferente na presença de nosso pai, enfrentou a situação o melhor que pôde. Fazia o trabalho pesado, enquanto eu e minhas irmãs cuidávamos de nossas tarefas.

Não sabíamos onde Buck estava, mas, depois de alguns meses, ele ligou de Lowville. Tinha levado com ele Joan, a garçonete que trabalhava numa lanchonete de beira de estrada.

Meu pai disse à mamãe que tinha vendido nosso rebanho. No dia seguinte, dois imensos caminhões para transporte de gado que pertenciam a uma grande fazenda leiteira de Cortland levaram nossas vacas embora. Estávamos em abril, e uma chuva fria lavava os últimos vestígios de neve suja no riacho. Fiquei de longe, vendo nossas vacas escorregarem na lama quando eram empurradas, com choques elétricos, para dentro dos caminhões. Confusas, elas baliam quando eram forçadas a subir a rampa e entrar no túnel escuro da carroceria. Mesmo sendo quase uma criança, despachar as vacas daquela maneira precipitada e cruel foi a única cena que meu pai provocou que achei imperdoável. Como era de se esperar, quando cresci consegui superar emocionalmente muitas coisas, mas não essa.

Depois que nossas vacas partiram, senti muita saudade delas. Elas apareciam em meus sonhos, pisoteando os canteiros de flores de mamãe, mugindo baixinho para que eu soubesse que tínhamos falhado com elas. Nosso velho estábulo pintado de vermelho parecia uma catedral, assomando sobre a paisagem da minha infância. Parecia ter o tamanho de um transatlântico, com quartos enormes, salões de ordenha e sótão. Depois que as vacas foram embora, nunca mais tive coragem de entrar lá.

O xerife veio à nossa casa entregar alguns papéis à minha mãe. — Lamento, Jane — ele disse, estendendo-lhe a notificação. Não conseguia encará-la. Meu pai estava processando minha mãe por "tratamento cruel e desumano", a única maneira de obter um divórcio rápido naquela época.

Nossos bens foram vendidos em leilão. A família Munson realizava todos os leilões em nossa região. Glenn Munson, que estudava em nossa escola, foi o leiloeiro. Nascido com distrofia muscular, ele circulava pela escola em uma cadeira de rodas. O pai e o tio de Glenn içaram-no a uma plataforma colocada diante das enormes portas de nosso estábulo. Com um microfone pendurado ao pescoço, ele conduziu o leilão com uma voz aguda e monótona, balançando-se para a frente e para trás como Stevie Wonder ao piano. Nossos vizinhos fizeram seus lances por nossos equipamentos agrícolas e de ordenha — e até pelo feno estocado no celeiro — e levaram tudo em suas caminhonetes.

Minha mãe e outras mulheres estavam reunidas ao redor de uma grande máquina de café na cozinha. Sorviam seu café e conversavam em voz baixa. Pedi a mamãe que saísse para ver o leilão, mas ela disse: — Não, obrigada, querida. — Só naquele momento me ocorreu que seria doloroso para ela assistir à venda pública de nossos bens. Mais tarde, na escola, sempre que Glenn Munson passava por mim em sua cadeira de rodas, eu percebia seu olhar de compaixão.

No verão seguinte à partida de meu pai, meu irmão largou a escola e foi para a Escandinávia com um amigo, onde ficou meses viajando de carona. Mais tarde, ingressou na marinha e só voltou para casa anos depois. Mamãe foi trabalhar como datilógrafa na Cornell University. Ela datilografava muito rápido — quase cem palavras por minuto.

Uma noite, cerca de um ano depois que meu pai tinha partido, Joan, que agora era sua segunda esposa, telefonou. — Onde se enfiou aquele canalha? — perguntou. Minha mãe disse que não sabia.

Meu pai apareceu de novo vários meses depois. Estava vivendo com Jeanne, que tinha sido amiga íntima de mamãe muitos anos atrás. Voltara a morar na cidade. Quando eu estava com dezesseis anos e fazia o papel de Zaneeta Shinn na produção local do musical *O vendedor de ilusões*, ouvi dizer que ele estava bebendo cerveja no boliche da cidade com alguns atores mais velhos da peça depois do ensaio.

— Ele é engraçado! — eles disseram.

"É, ele é muito divertido", pensei.

Então, Buck e Jeanne começaram a circular. Moraram em Long Island por um tempo, enquanto Buck trabalhava numa construção. Viveram em Vermont e em Connecticut, onde ele conseguiu trabalho em fazendas e no corte de árvores. Depois, mudaram-se para Port Allegheny, na Pensilvânia. Jeanne ficou doente por muito tempo e acabou morrendo de enfisema. Meu irmão me contou que ela fumava bem ao lado do tubo de oxigênio. Ele tinha medo de que ela explodisse.

Quando fui para a faculdade, minha mãe abandonou o emprego de datilógrafa e passou a estudar em Cornell em tempo integral, até obter seu mestrado. Aos cinquenta e três anos, iniciou uma carreira de professora, primeiro em Cornell e depois no Ithaca College. Comprou um sobretudo mais bonito e carregava sempre uma maleta.

Um velhinho sem família que era nosso vizinho deixou sua casa e todos os seus bens para minha mãe quando morreu. Assim, ela se mudou da fazenda abandonada e se instalou na casinha, que, além de encantadora, não era mal-assombrada. Nenhum fantasma de Holstein rondava a propriedade, e, sempre que eu me hospedava lá, eu me deliciava com os doces sonhos que eu tinha no quarto de hóspedes.

Meu pai comprou uma velha *van* como essas utilizadas para entregas de lavanderia. Depois que Jeanne morreu, ele voltou a circular. Era como se explorasse uma área de vendas imaginária — com ele como o único produto. Num verão, quando Emily ainda era bebê, fui visitar minha mãe e estava sentada com ela na varanda quando ele se aproximou, dirigindo bem devagar. Ergui os olhos e vi a inconfundível silhueta de meu pai.

— Quem é esse? — minha mãe perguntou.

— Acho que é meu pai — eu lhe respondi.

Ele fez a volta na rua e veio beber uma xícara de café conosco na varanda. Fazia no mínimo dez anos que eu não o via, mas ele estava exatamente como eu me lembrava: cheio de otimismo, de ideias e de planos de empreendimentos infalíveis, como criação de peixes ou de avestruzes. Achava que devia ir para a Nova Scotia colher maçãs. Imaginei-o morando na van no fundo de um pomar da Nova Scotia. E foi exatamente isso o que ele fez.

Os últimos meses tinham sido difíceis para ele. Enquanto Jeanne morria lentamente, meu pai tivera um enfarto leve e precisaram implantar um marca-passo. Dias depois da cirurgia, ele fugiu do hospital e voltou de carona para casa. Buck abriu a camisa para me mostrar o marca-passo. Pude ver o contorno de um disco do tamanho de uma moeda de meio dólar sob a pele do peito.

Percebi que fora uma bênção ele ter nos abandonado. Olhei para minha mãe, a professora universitária, sentada na varanda da *sua* casa. Mais de uma vez, ela dissera que, se Buck não tivesse partido, ela estaria vivendo em um *trailer*, e eu sabia que era verdade. A vida de meu pai tinha propensão para o caos, e ele não gostava de ficar sozinho.

Seis meses depois, Buck voltou da Nova Scotia e foi viver de novo em Port Allegheny. Tinha se casado novamente. Ela se chamava Jean, e ele a conhecera na igreja. Depois de se casar com Jane, Joan, Jeanne e Jean, ele se tornara o personagem de muitos casamentos de uma canção de George Jones. Eu fantasiava que nossa vida pudesse ser vivida de trás para a frente, e então as mulheres extras sumiriam uma a uma, o estábulo se consertaria sozinho, as vacas sairiam dos caminhões e voltariam ao curral, e meu pai de alguma forma voltaria a ser o homem que, em minhas lembranças, eu via atravessando o campo e indo a algum lugar.

Um dia de verão, quando Emily tinha nove anos, eu estava no andar superior quando alguém bateu à porta. Emily subiu para me chamar. — Tem um homem lá na porta — ela disse. Apresentei minha filha ao avô. — Emily, este é Buck, meu pai. — Ao longo dos anos, eu falara à minha filha sobre o avô. Da mesma forma que acontecia quando falávamos do pai dela, eu nunca o criticava. Nas histórias da minha infância, eu pintava Buck como um personagem interessante, exatamente como ele mesmo se retrataria.

— Oi, mocinha — ele disse.

— Oi — ela respondeu.

Jean estava com ele. Parecia uma mulher mais velha e estava vestida como uma avó. Buck disse que eles pensavam em pernoitar na cidade. Dormiriam na *van*, que estava estacionada na frente da casa de minha irmã. Jean parecia ter por volta de setenta anos, e eu pensei se ela conseguiria passar a noite na *van* de entregas de meu pai. Ao anoitecer, eles se foram. O casamento não durou muito — acho que os filhos dela interferiram.

Pat foi a próxima.

Foi minha irmã que me telefonou para contar sobre a última esposa de meu pai. As notícias sobre nosso pai corriam pela família em um circuito aparentemente aleatório. Depois de trocar informações sobre jardins, filhos, primos e sobre a última batalha no conselho escolar, uma ou duas frases sobre Buck vinham de vez em quando à tona dentro da seção de nossa transmissão dedicada a "outras notícias". Rachel não sabia dos detalhes: apenas que Buck tinha se casado. Novamente.

No último verão, papai chegou com Pat sem aviso. Emily os fez entrar e saiu de cena enquanto eu lhes servia um café e ele falava sem parar.

Buck contou que tinha começado a criar abelhas e a vender mel. Ele e Pat viviam na fazenda que ela herdara do pai. No outono, durante a temporada de caça dos cervos, Pat administrava uma hospedaria para os caçadores que chegavam à região.

Então, de repente, como era seu costume, ele deu um salto e disse: — Bom, está na hora de ir. — Pegou Pat pelo braço e saiu.

Não vi nem ouvi falar de Buck por muitos anos, até que ele ligou para dizer que tinha atirado num urso e ia ser processado. Ele disse que queria me contar a história, e eu queria ouvir, mas levaria três meses até poder viajar para Port Allegheny.

Decidi fazer a viagem logo depois do Dia de Ação de Graças. Emily estava com o pai em Nova York para o desfile anual da Macy's e para as extravagâncias de sua família disfuncional. Pensei que era melhor poupá-la do encontro com meu pai em seu território; ele tinha a tendência de viver em condições caóticas e deprimentes, o que me causava um certo embaraço. Depois das festas do Dia de Ação de Graças na casa de meus primos na Main Street, saí cedinho para Port Allegheny. A topografia de baixas montanhas e vales ao redor de Freeville estava inundada de tons de marrom e cinza como numa paisagem de Andrew Wyeth. Durante toda a manhã, ouviram-se tiros nos campos que circundavam a cidade, e o Toads estava lotado de caçadores de cervos camuflados trocando mentiras enquanto tomavam o café da manhã.

Imaginei que, se conseguisse sair viva do meu condado, teria a chance de fazer a viagem sem ser atingida por uma bala perdida. Quando já estava perto de Port Allegheny, parei para um café num posto de gasolina e li no jornal local que nenhum urso tinha sido morto em Port Allegheny durante a temporada de caça; o urso que meu pai matara em agosto, fora da temporada, fora o único morto na região durante todo o ano.

Atravessei o rio Allegheny na periferia da cidade e segui as orientações de meu pai. O terreno áspero e ondulado me fez lembrar dele. Descobri imediatamente onde ele morava pelo número de veículos em diferentes estados de conservação estacionados ao lado e atrás da casa.

Um grande caminhão-reboque emparelhou com o meu carro na estrada e me seguiu quando entrei no caminho que levava a casa. Meu pai se espreguiçou na cabine e saltou no chão. Aos setenta e dois anos, ainda mostrava sinais de Glenn Ford, mas mancava visivelmente, e uma vida de trabalho duro já revelava seus efeitos danosos.

— Hummmm, preciso sair para fazer um trabalho — ele disse, acenando para mim. — Não devo demorar. Me espere aqui em casa.

Como sempre, imaginei que ele estaria fazendo um esforço para lembrar meu nome. (Ele tinha o costume de nunca se dirigir aos filhos pelo nome, e nós nos acostumamos a ser chamados de "Ei, você" ou "Oi, garota".)

Perguntei a Buck o que ele tinha a fazer e ele disse que precisava transportar uma estrutura para uns caras que conhecia. Perguntei se podia ir com ele. — Humm, tudo bem, claro. — Subi na cabine e voltamos pelo mesmo caminho por onde eu tinha vindo, passando de novo pelo rio em direção à rodovia.

Há trinta anos eu não andava na cabine de um caminhão ao lado de meu pai, mas a sensação de sacolejar na estrada, cercada pelos detritos de sua profissão — recipientes descartados e faturas não pagas, aliados ao cheiro do tabaco e café derramado —, tornou-se instantaneamente familiar. Gostei de estar ali. Admirei seu caminhão. Ele me contou que tinha sido fabricado no Brasil e era um perfeito burro de carga. Perguntei a ele o tamanho da estrutura que teria que transportar. Ele disse não ter certeza, mas que achava que não era muito grande. Perguntei então quanto ele ia ganhar pelo trabalho, e ele me disse que seriam cinquenta dólares. — Meu Deus, pai! Não parece muito para carregar uma estrutura. Você sabe até onde terá que levá-la? — Ele não sabia, mas achava que não devia ser muito longe. De manhã ele já tinha ido até a loja Sears, a sessenta quilômetros de distância, buscar um aquecedor de água para alguém, e aquele segundo trabalho o ajudaria a pagar o caminhão.

Buck pegou uma estrada estreita e entrou em um pequeno estacionamento de *trailers*. Três sujeitos grandalhões esperavam por ele, encostados a uma cerca de madeira. Dois deles ostentavam uma barba longa de exploradores e bebiam de uma garrafa verde iridescente uns fartos goles do refrigerante Mountain Dew. A estrutura em questão era um grande galpão pré-fabricado com portas falsas de celeiro.

O proprietário do galpão o tinha vendido para uma mulher que vivia alguns quilômetros adiante — tudo o que meu pai precisava fazer era chegar lá. Buck tirou da carreta uma corrente pesada e, enquanto os outros homens rodeavam o galpão, manobrou a carreta para perto e inclinou a carroceria até fazê-la tocar o chão. Então, eles engancharam a corrente em uma manivela e lentamente içaram o galpão para cima da carreta. Os outros homens empurraram por trás, gritando orientações.

Fiquei lembrando de pequenos desastres da minha infância, como daquela vez que meu pai nos mandou para a floresta com um fósforo cada um para fazer uma fogueira de acampamento, e a única fogueira que vingou — a dele — foi apanhada pela mudança repentina do vento e incendiou toda uma área da floresta. Ou daquela vez que meu pai resolveu comercializar beterrabas e plantou quarenta acres do que chamou "colheita do futuro" em vez da usual plantação de milho. Como aquele verão foi extremamente seco, as beterrabas não vingaram. Mas as ervas daninhas ocuparam o seu lugar. Papai nos mandou para o campo com a foto de uma beterraba na tentativa de localizar alguns brotos que porventura tivessem nascido. Mas não achamos nenhum, e ainda tivemos que arrancar as ervas daninhas. Ou quando ele pretendeu superar os árabes e enterrou um tanque enorme no pasto e encheu-o de gasolina. O tanque ficou enterrado ali no meio do pasto, um monstrengo enfeando a paisagem e enferrujando, até que minha mãe teve que pagar para alguém arrancá-lo dali.

A operação de resgate do galpão estava correndo bem, e senti um certo orgulho quando voltei à cabine do caminhão. Estávamos transportando uma grande estrutura. Cinquenta dólares por menos de uma hora de trabalho parecia um bom negócio — foi o que eu disse a meu pai enquanto rodávamos pela estrada.

Encontramos os homens que tinham ajudado a içar o galpão para a carreta em outro estacionamento de *trailers* uns quinze quilômetros à frente. Fazer o galpão deslizar para fora da carreta e colocá-lo no lugar, ao lado de um dos *trailers*, foi fácil. Vários moradores das vizinhanças se agruparam para assistir à operação. Um dos grandalhões tirou cinquenta dólares da carteira e os entregou a meu pai. Voltei para a cabine.

Estávamos prontos para partir quando as rodas traseiras da carreta brasileira começaram a girar em falso, enterrando-se cada vez mais na terra enlameada. Toras de madeira foram colocadas sob as rodas para lhes dar mais tração. O método prometia funcionar, e continuou prometendo durante a hora inteira que gastamos colocando e recolocando os calços. Fui para a traseira da carreta e ajudei os homens a empurrá-la, enquanto meu pai pressionava o acelerador, mas ela deslizava de volta para a lama a cada tentativa.

A linguagem dos envolvidos na operação começou a ficar mais pesada. Os homens saíram cada um para um lado para conseguir umas correntes, enquanto eu entabulava conversa com a mulher que comprara o galpão e que tinha saído para espiar. Agora que era membro de uma equipe, senti que tinha uma certa responsabilidade de livrá-la daquela imensa carreta enterrada na frente da sua casa, embora ela parecesse dotada do calmo autocontrole de alguém que já viu coisas muito piores. Acariciando seu cãozinho, um *bichon frisé*, ela me falou do filho, que passara a maior parte da vida numa cadeira de rodas e morrera recentemente.

Foi crescendo organicamente dentro do grupo a decisão de que a carreta teria que ser rebocada, em vez de empurrada. Um sujeito saiu e voltou dirigindo uma picape novinha em folha que parecia um brinquedo perto do velho burro de carga brasileiro. Orgulhoso, o dono da picape deu partida no motor. Em silêncio, Buck ocupou seu lugar atrás da roda, enquanto uma corrente era enganchada no para-choque da carreta e presa ao da picape.

Notei que meu pai deixava o trabalho por conta dos outros homens e se colocava quase passivamente de lado, enquanto eles propunham as mais malucas soluções. A essa altura, ele já ficara atolado em muitos lamaçais. Já rebocara e fora rebocado centenas de vezes. Eu queria vê-lo gritar com aquela sua voz dominadora de quem sabe tudo. Mas me ocorreu que uma vida inteira tentando sair de atoleiros o tinha esgotado. Ele dava a impressão de querer chamar o Automóvel Clube. Parecia desejar apenas pegar seus cinquenta dólares, sair daquele lugar e ir para casa almoçar.

A picape novinha em folha acelerou, soltando uma fumaça azul pelo resplandecente escapamento cromado. Suas rodas dianteiras começaram a se erguer perigosamente do chão como um cavalo de rodeio. Ao mesmo tempo, as rodas traseiras se enfiavam cada vez mais na lama, sujando as calotas personalizadas. Agora os dois veículos estavam atolados. A proletária carreta brasileira continuava enterrada nos sulcos, resmungando em português. Outro grupo iniciou as confabulações, e outro homem saiu do estacionamento de *trailers* e cruzou a estrada em direção a uma pequena fazenda. As portas de um celeiro se abriram e um antigo trator cor de cereja saiu de lá de dentro e atravessou a estrada. Mais confabulações. Será que a picape e o trator deviam ser amarrados lado a lado, para içar a carreta brasileira em uma manobra pelos flancos? As vantagens dessa opção foram discutidas e rejeitadas. Finalmente, o trator foi amarrado à picape, que por sua vez foi amarrada à carreta, no estilo cabo de guerra. O trator puxaria a picape, que ganharia tração para puxar a carreta. O plano tinha uma certa beleza improvável. Se fosse um filme, seria aquela cena em que o cara, enlouquecido pela dúvida, arrebenta a cabeça contra a parede e diz: — É tão louco que pode funcionar!

É por causa de ideias como essa que os habitantes do campo estão sempre se acidentando. O acesso a correntes e tratores, aliado a baixos níveis educacionais, uma força inata e uma certa coragem impetuosa, gera pessoas capazes de dirigir oitenta quilômetros só para tomar um sorvete e que acham que um trator de brinquedo pode rebocar uma picape de duas toneladas, que por sua vez pode rebocar uma obstinada carreta brasileira pilotada por um matador de ursos cansado e sua filha distante.

Ouve-se o rangido das engrenagens. Mais fumaça azul. O trator vermelho se apoia sobre as rodas traseiras como um garanhão furioso, puxando a picape. Dez homens apertam-se ombro a ombro na traseira da carreta, empurrando.

Eu já imaginava a viagem para o hospital. Será que haveria uma ambulância suficientemente grande para todos nós? Ou os feridos mais graves teriam que pedir carona apoiados nos feridos leves? Se a Sears mais próxima ficava a sessenta quilômetros, a que distância estaria o hospital? Imaginei se o *bichon frisé* lamberia meu rosto quando me visse caída na lama, com a coluna fraturada. Será que ser atirada longe seria melhor do que ficar presa às ferragens, uma ação rápida e dramática?

Não sei como, desafiando o retrospecto familiar, os princípios da engenharia e a má sorte inata e persistente de todos os envolvidos, o feliz acaso nos sorriu naquele dia gelado de novembro e arrancou os três veículos do lamaçal diante da casa da dona do *bichon frisé*, que tinha uma triste história e um novo galpão. Assim que conseguimos arrancar, os participantes de nossa aventura acenaram e desapareceram dentro de seus *trailers*, e Buck e eu começamos a voltar para casa. Tínhamos gastado três horas tentando desatolar a carreta, e com isso a margem de lucro baixou a níveis familiares.

Pelo menos, tínhamos dinheiro suficiente para comprar gás.

Pat nos esperava na casinha amarela da fazenda. Entrei na sala, passei pela lareira e pela confortável poltrona, pela espingarda pendurada no cabide e pela grande tevê, e entrei na ampla cozinha. Ela tinha três hóspedes na casa — três irmãos de Ohio que tinham vindo para a temporada de caça. De vez em quando, eu ouvia um tiro espocar nas montanhas e ecoar pelo vale. Pat seria capaz de tirar a pele, temperar e cozinhar qualquer animal pequeno que eles trouxessem para casa para o jantar. Enquanto ia e vinha do fogão para a mesa da cozinha, Pat disse, à sua maneira prática e direta, que, fosse o que fosse que eles caçassem, ela encontraria uma maneira de preparar. Poderia fazer um esquilo cozido ou uma torta de faisão. Imaginei um cardápio de compota de doninha, acompanhada por vinho de rato silvestre e biscoitinhos de colibri.

Comendo um sanduíche de atum sentado à mesa da cozinha, Buck começou a contar a história do urso. Ele redigira umas alegações, com as quais pretendia apresentar sua defesa. A morte do urso não fora culpa sua, ele disse. A morte do urso fora culpa do urso. Tive uma sensação de que ambas as criaturas estavam sendo fiéis à sua natureza.

Buck me contou que avistara o urso vindo vagarosamente das montanhas e se aproximando da varanda dos fundos, onde surrupiou uma lata de ração de gato. Ali, na sua cozinha, percebi que pelo menos dois gatos se enrolaram ao redor das suas pernas enquanto ele contava a história. Meu pai, o amigo dos gatos.

Buck disse que, depois que se apossou da lata de Friskies, o urso se arrastou de volta para a montanha e desapareceu no bosque.

Era um macho. Jovem. Grande. Segundo meu pai, uma beleza. Ele chegou a ver uma etiqueta presa à orelha do urso — sinal de que ele já tinha sido capturado e catalogado pela guarda florestal. Buck tinha a impressão de que aquele urso tinha sido libertado nas montanhas na semana anterior.

Ele chamou o guarda florestal e, juntos, armaram uma armadilha com carne podre e mel. O guarda lhe disse para proteger as colmeias, e meu pai passou a manhã instalando uma cerca ao redor do apiário. Quando me disse isso, fez um gesto para o campo atrás da casa, onde se via uma pilha de bandejas cheias de alvéolos rodeada por uma cerca baixa eletrificada. Parecia um campo de concentração em miniatura. Imaginei grupos de abelhas operárias fumando e perambulando pelo pátio da prisão, planejando escapar do domínio do rainha.

Enquanto meu pai descrevia seu esforço para proteger o apiário do urso, fiquei imaginando por que as abelhas simplesmente não voavam para fora da colmeia, se agrupavam em uma gigantesca formação mata-moscas e atacavam o urso, fazendo-o fugir para longe. Mas aí eu me lembrei de que todo o meu conhecimento sobre o relacionamento entre ursos e abelhas vinha dos desenhos de Hanna-Barbera.

Depois de trabalhar a manhã inteira na construção da cerca, ele e Pat foram para a cidade. Quando voltavam para casa, um vizinho que criava cabras os fez parar e disse que o urso tinha voltado e até se deitara no meio da estrada. O vizinho tivera que sair do carro e chutá-lo para fazê-lo sair da estrada.

— Esse urso não tem medo de nada. Ele é maluco — disse meu pai.

Buck voltou correndo para o apiário para acabar a cerca. Disse que o urso ficou olhando para ele do limite do bosque na montanha.

Foi então que o instinto de meu pai, fluindo como costuma fazer em direção a tudo o que é temerário, violento e aventureiro, o fez decidir assumir o controle da situação e pegar sua espingarda.

Quando Buck chegou a essa parte da história, assumiu um tom magoado e controlado, como um homem no banco das testemunhas. Disse que chamou o guarda florestal mais uma vez. Fosse como fosse, estava cansado daquilo tudo.

Da próxima vez que o urso desceu da montanha, meu pai estava esperando por ele.

Ele contou que esperou até que o urso se aproximasse bastante — a cerca de oito metros — e atirou, atingindo-o no peito. Ferido, o urso tombou, mas depois conseguiu se arrastar de volta ao bosque.

Foi quando o guarda florestal apareceu e perguntou a meu pai o que tinha acontecido com o urso.

Buck disse que tinha atirado nele.

Eles penetraram no bosque e encontraram o urso caído no chão — morto.

O guarda aplicou-lhe uma multa. Buck me mostrou a notificação. Lembrei que meu pai sempre desafiara o sistema. Era um rebelde em tudo o que dizia respeito a impostos, licenças, permissões, papelada, pensão alimentícia, seguro, cartões de crédito e contas bancárias. Não sei como, conseguia enquadrar suficientemente seus sentimentos para receber os cheques do seguro social, mas pagar pela morte de um urso era algo que estava além da sua imaginação.

Buck decidiu não pagar a multa de oitocentos dólares — quatro dólares por quilo do urso — e discutir a cobrança em juízo. Ligou para uma advogada, que não aceitou o caso porque ficou do lado do urso. Então ele contratou os serviços de um velho advogado aposentado da cidade. Imaginei os dois, subindo com dificuldade a escada do tribunal, cada um usando seu único terno e meu pai se esforçando para parecer bonito com o nó da gravata apertando o pescoço.

O argumento foi de defesa própria. O jovem urso, uma ameaça, não apenas destruiria seu apiário, mas ainda o atacaria. Meu pai estava bancando o valentão, seu papel favorito.

O juiz disse que o pagamento da multa poderia ser pago através de uma ordem de pagamento.

Houve apelação. Meu pai começou a folhear uns papéis para me mostrar. Havia um precedente. Ele acreditava que o advogado do sindicato dos agricultores concordaria em representá-lo.

Perguntei a meu pai se ele aprendera alguma coisa com a morte do urso. Será que o urso não seria uma metáfora de outra coisa que ele poderia me explicar? As perguntas que eu realmente queria ver respondidas ficaram sem resposta. Eu queria saber quem ele era, o que ele realmente desejava e por que ele nos abandonara tanto tempo atrás — rachando minha infância ao meio.

— Hummmm, Deus meu! Não vejo as coisas como metáforas de outras coisas — ele disse.

Perguntei a Pat o que ela pensava de tudo aquilo. Ela disse que já tinha cozinhado carne de urso antes e que ela era muito gostosa e macia quando o urso era jovem.

Meu pai me acompanhou até o carro. Tínhamos passado quase todo o dia juntos. Em toda a minha vida, nunca tinha passado tantas horas com ele de uma vez só.

Nós nos despedimos, e Pat veio até a porta. Acenei para eles quando parti. Eu me perguntei se veria meu pai de novo. Provavelmente não. Olhei pelo espelho retrovisor, mas ele já não estava mais lá.

Liguei para Emily do carro.

— E aí, mãe. Buck realmente matou um urso?

Contei-lhe a história. Ela suspirou e riu. Durante todos aqueles anos, ela só conhecia o avô pelo que eu lhe contava, mas me disse:

— É a cara dele, não é, mãe?

— Com certeza. Eu gostaria que você estivesse lá comigo, porque quero que você conheça as suas origens. Quero que você veja como algumas pessoas vivem — e não é nada bonito. Às vezes, é um desastre atrás do outro.

Felizmente, Emily e eu tivemos a sorte de viver cercadas por membros da família especialistas em desastres. Em nosso mundo, são as mulheres que empunham a enxada e a vassoura, e varrem os vestígios das tempestades que periodicamente se abatem sobre nossa casa.

Meu pai não vê as coisas como metáforas de outras, mas eu vejo. Enquanto dirigia de volta a Freeville, tentei não pensar nos empregos, nas mulheres, nos filhos que ele abandonou e nos netos que não chegou a conhecer, mas nas abelhas e no mel que elas produzem. O mel representa a doçura da vida, enquanto as abelhas carregam o ferrão. Meu pai, o orgulhoso matador de ursos, era as duas coisas para mim: o ferrão e o mel.

Onze

Tudo passa

Minha primeira fantasia de levar Emily à universidade surgiu quando ela tinha três anos. Nesse dia, ela corria pelo pátio de estacionamento de um restaurante da rede Applebee's em algum lugar do Maine. Estávamos viajando de Freeville para Auburn, no Maine. Foi lá pelas oito horas que a coisa aconteceu. Ela corria de mim pelo estacionamento, gritando e se atirando no chão, num ataque de raiva. A corrida terminou em um canteiro de arbustos perto das janelas do restaurante. Consegui agarrá-la, mas ela se contorcia e se arqueava para trás, como um gato a caminho do veterinário. As pessoas que estavam jantando nos olhavam com uma mistura de pena e indignação enquanto eu lutava com minha filha num monte de estrume do canteiro.

Mamãe, que estava viajando conosco, tinha entrado no restaurante na nossa frente. Quando finalmente consegui levar Emily para dentro, ela olhou para o rosto afogueado e os olhos chorosos da neta e perguntou:

— Como ela está?

— É melhor perguntar *quem* ela é. E já tenho a resposta: Linda Blair.*

---

* Atriz que faz a menina possuída de *O exorcista*. (N. da T.)

Pensei se em algum lugar em meio à floresta do Maine existiria uma academia militar que aceitasse uma garotinha sujeita a ataques de raiva. Eu já imaginava a cena. Eu entregaria Emily com sua mochila de *A bela e a fera* e sairia correndo de volta à estrada, até encontrar um restaurante, onde me sentaria no balcão para comer um pedaço enorme de torta. Completamente sozinha.

— É uma fase — disse mamãe. Ela sempre dizia isso. Do alto de sua experiência, para ela tudo era uma fase. Várias vezes, pensei que minha mãe devia escrever um livro para pais resumindo seus métodos educativos. Ele se chamaria *É uma fase*. Para ser franca, não seria bem um livro, porque sua filosofia consistia praticamente em um preceito: "Tudo passa". Na verdade, seria um folheto de uma página, como a xerox engordurada da dieta de sopa de repolho que circulava entre minhas amigas. Mas o livro educativo de minha mãe teria que esperar a publicação de seu livro de receitas. Há muito tempo ela planejava partilhar seus segredos sobre a culinária rural, mas por enquanto tinha apenas o título: *Depois que o gato lambeu*.

Como a qualquer mãe de primeira viagem, me faltavam duas coisas: experiência e perspectiva. Era capaz de imaginar Emily crescendo fisicamente (aliás, ela já tinha crescido bastante), mas não conseguia imaginá-la mudando. Só conseguia imaginá-la como um bebê de dezoito anos — um metro e oitenta de altura, descontrolada numa explosão de raiva e usando fraldas tamanho adulto.

Felizmente para nós duas, Emily cresceu e mudou, e quando chegou o momento de nos separarmos eu já dominava os fundamentos da maternidade e estava profundamente apaixonada por ela — afinal, minha incapacidade de encontrar um parceiro maduro era um sinal de que eu e minha filha estivemos nos namorando por dezoito anos.

Consequentemente, é claro que eu tentaria destruir seus sonhos aconselhando-a a ficar em casa, ou pelo menos por ali perto, durante seus anos de faculdade. O que ela disse? Que só estava interessada em faculdades situadas no mínimo a oitocentos quilômetros de Chicago e de Freeville.

Emily atravessou a difícil fase preparatória para a faculdade com a habitual calma. Desde o segundo ano, a escola secundária começou a aterrorizar a maioria dos alunos, atirando gasolina na brasa ardente das ambições paternas em relação à universidade. Quase todos os contatos com outros pais, por mais breves que fossem, se tornaram uma conversa insuportável sobre o ingresso na universidade, que para mim pareciam apenas uma oportunidade de se vangloriarem das possibilidades de sua prole. Como mãe de uma aluna mediana, que não falava chinês nem tocava violino, e que nunca, jamais, construíra moradias para os pobres da Costa Rica, eu detestava esses encontros. Evitava o assunto e fugia das perguntas, porque nada do que eu tinha a dizer importava, e porque estava sujeita a prolongados — embora quase sempre privados — ataques de loucura.

Tudo começou quando encontrei uma mãe no estacionamento da escola no meio do dia. Ela contou que estava pegando Amber na escola aquela tarde para ver um professor particular para o PPSAT.

Eu não sabia o que significava PPSAT, mas sabia o que era o SAT,* e tomei aquela conversa como um sinal de que Emily já estava atrasada. Passei a maior parte da infância de minha filha tentando me igualar às outras mães, de modo que aquela ansiedade era um conhecido soco no estômago.

---

* Scholastic Aptitude Test, teste de avaliação de conhecimentos para ingresso na universidade. (N. da T.)

Seria uma repetição do famoso incidente de 1995, quando ouvi a sentença de que tinha perdido o prazo para inscrever Emily na escola de balé.

Naquele dia, depois das aulas, crivei Emily de perguntas. Ela estava se preparando para o PPSAT? Se não estava, por quê? Precisava de um professor particular? Em caso afirmativo, queria procurar um? Se não quisesse um professor para o PPSAT, acabaria picando alho num Pizza Hut (não que houvesse alguma coisa errada nisso).

Emily falou devagar, como se fala com um doente mental:

— O PPSAT é o teste preparatório para o PSAT.

— E então? — perguntei, prestativa.

— E o PSAT é o teste preparatório para o SAT — ela concluiu.

Minha cabeça era um vazio.

— Você quer que eu arranje um professor particular para me preparar para o preparatório do preparatório? — ela perguntou.

— Na verdade, não. — Eu sabia que aquilo era uma total estupidez.

Minha ansiedade tinha um motivo: eu temia que Emily não conseguisse entrar na faculdade. E também temia que ela conseguisse. Sabia que ela teria que me abandonar e imaginava se conseguiria impedi-la.

Na época certa, Emily me falou sobre os testes preparatórios que precisava fazer e procurou seu conselheiro universitário para conversar sobre o assunto. Visitamos juntas o *campus* de diferentes universidades, ouvindo falar das maravilhas do projeto de alimentação, de classes impressionantes, professores interessantes e acessíveis, e colegas de quarto divertidos. A experiência mais memorável foi a viagem que fizemos a Williamsburg, Virgínia, para conhecer o College of William and Mary. Emily e eu já tínhamos estado na capital colonial de Williamsburg — numa viagem de turismo quando ela estava com nove anos. Nessa viagem, nos entregamos ao nosso gosto por história antiga e passeamos pela Duke of Gloucester Street usando chapeuzinhos amarrados com fita sob o queixo e comendo pipoca doce e salgada, um prazer que coloco no topo de minha pirâmide alimentar. Nove anos depois, a visita à universidade acontecia em um dia delicioso: Emily foi visitar o *campus* enquanto fiquei deitada no imenso gramado da universidade, pensando na partida dela e nos mistérios de minha vida futura.

Em março do seu último ano na escola secundária, Emily passou duas semanas correndo para casa na hora do almoço para abrir a caixa de correio. Entre os vários envelopes que recebeu, escolheu ir para William and Mary. A pipoca da capital colonial de Williamsburg pode ter contribuído para a decisão, mas a possibilidade de usar um chapeuzinho antigo enquanto exercia um trabalho temporário numa fábrica de manteiga foi o fator decisivo.

Nossa despedida foi demorada — e envolveu montes de recipientes de plástico. Mal posso imaginar o que fazíamos antes de termos adquirido o hábito de proteger nossos pertences em invólucros de plástico, mas tenho uma remota lembrança de velhas malas e grandes baús que faziam as vezes de mesinhas de cabeceira no quarto de dormir. Agora era tudo Tupperware.

Emily e eu empacotamos suas coisas, um e outro móvel e nossas bicicletas de pneus-balão, enfiamos Chester, o gato, em sua caixa de viagem e saímos de Chicago rumo a Freeville para nosso verão de despedidas. Quando subi naquela van velha alugada não pude deixar de me lembrar de meu pai, que não me legara apenas minha "esquisitice" congênita, mas também minha habilidade inata para dirigir caminhonetes e caminhões.

Em Freeville, a passagem do verão é marcada pelo crescimento do milho. No fim de junho, quando Emily e eu partimos para uma há muito prometida semana em Paris, o milho estava alto nos campos ao redor da cidade. Em Paris, Emily praticou o francês que aprendera na escola enquanto eu falava.... alto... e muito devagar... em... inglês. Depois aprendi a fazer umas poucas perguntas em francês, mas continuava não entendendo sequer uma palavra das respostas. Emily conseguiu comprar uma versão em inglês do mais recente livro de Harry Potter e leu-o inteiro, sem parar. De manhã, lia em silêncio enquanto nos demorávamos languidamente nos cafés. À tarde, lia alto para mim enquanto eu descansava e tentava me recuperar da diferença de fuso horário (coisa que nunca consegui).

O primeiro Harry Potter da vida de Emily chegou quando ela estava com oito anos. Dessa vez, fui eu que li em voz alta para ela. Desde então, sua infância foi acompanhada por seus personagens favoritos, que pareciam crescer e mudar exatamente no seu ritmo. Agora, era ela que lia para mim.

Em Freeville, andamos de bicicleta, passeamos de caiaque no rio e fizemos muitas "visitas avarandadas": saíamos de nossa casa na Main Street e passávamos o dia vagando de varanda em varanda — da avó para os primos, daí para as irmãs e tias —, admirando os jardins e tomando chá gelado. Aos sábados, os homens da Igreja Metodista acendiam a brasa do churrasco e punham os peitos de frango marinados para assar na enorme grelha. Quando a carne começava a assar, o cheiro de vinagre flutuava sobre a cidade, e todo mundo sabia o que haveria para o jantar.

Com o milho crescido, agora os campos pareciam densamente ocupados, ondulantes e luxuriantes. Quando o milho amadurecia cedo, na primeira semana de agosto já o podíamos comer todas as noites — e então, abandonando qualquer pretexto de equilíbrio nutricional, nos entregávamos à monodieta do milho enquanto ele durava. Comparávamos as variedades: seria a espécie Baby Sweet realmente tão doce quanto a Butter N Sugar? Tendíamos a preferir as variedades bicolores, de grãos pequenos e claros, que mais parecem um doce que um legume. Eu cozinhava uma dúzia de espigas à noite, comia umas tantas e punha as que sobravam no refrigerador, para comê-las tarde da noite, e ainda sobrava alguma para acompanhar o café pela manhã.

Uma ou duas noites por semana, se o tempo estivesse bom, Emily instalava nosso projetor no quintal. Arrumávamos duas filas de cadeiras no gramado — cadeiras de lona, cadeiras da sala de jantar e duas poltronas da sala de estar —, convidávamos a família e projetávamos nossos filmes preferidos na parede branca dos fundos. Emily programava nosso festival de cinema de verão, que exibia *Núpcias de escândalo*, *Amor eletrônico*, *Quanto mais quente melhor** e outros filmes em preto e branco que adorávamos. As clássicas trilhas sonoras pairavam além do quintal e se misturavam aos sons do tráfego da Main Street. De manhã, quando começava meu dia de trabalho, eu olhava pela janela da cozinha e via cobertores e espigas de milho espalhadas pelo gramado orvalhado. E pipocas cobriam a grama como flocos de neve — sinais de uma noitada de cinema.

---

* *The Philadelphia story*, filme de 1940 dirigido por George Cukor, com Cary Grant, Katharine Hepburn e James Stuart; *Dek set*, filme de 1957 dirigido por Walter Lang, com Katharine Hepburn e Spencer Tracy; *Some like it hot*, filme de 1969 dirigido por Billy Wilder, com Marilyn Monroe, Jack Lemmon e Tony Curtis. (N. da T.)

Nas manhãs de quarta-feira — *todas* as manhãs de quarta-feira — nos juntávamos à família no Queen Diner em Dryden. Quando o Toads fechara as portas no verão anterior, depois de exatos seis dias de luto, transferimos nosso café da manhã familiar semanal para o Queen, cinco quilômetros adiante. Tias Lena, Millie e Jean, as primas Nancy e Lorraine, Rachel, Emily, mamãe e eu nos apertávamos ao redor de uma mesa pequena e iniciávamos nossa longa conversa — que nunca tinha fim.

No Queen, pedíamos nosso café da manhã habitual, e Judy, a garçonete, anotava pacientemente os pedidos de cada uma e empilhava as comandas na mesa. As pessoas da minha família são incapazes de fazer a operação necessária para dividir a conta, mas também não concordam que uma pessoa pague a conta toda. Portanto, todas as quartas-feiras, Judy preenchia dez comandas com totais que iam de US$ 1,56 a US$ 3,48, impostos incluídos. Minha mãe e minhas tias sempre deixavam a gorjeta em constrangedoras pequenas pilhas de moedas sob cada prato, e eu fazia o mesmo quando estava com elas, porque não queria parecer exibida.

Emily e eu estávamos excitadas com a possibilidade de ir de carro até a Virgínia para levá-la à universidade. Tínhamos trazido conosco um mapa rodoviário para revisar o trajeto com mamãe e as tias. Como sempre, a conversa andava em círculos e nunca se fixava num assunto.

— Então, que dia você vai voltar da viagem? — perguntou tia Lena. Não era uma pergunta desinteressada, mas devo dizer que perguntas com segundas intenções não eram um hábito de tia Lena. Comparada com as outras mulheres da família, tagarelas cheias de opiniões, tia Lena, a mais velha do grupo, quase sempre se limitava a ouvir e rir. Eu tinha uma afeição especial por ela, não apenas por causa de seu talento para ouvir, mas também porque sua reserva natural sempre me fazia imaginar o que ela estaria pensando.

Devido à ocorrência simultânea de conflitos de horários entre a geração do meio da família, eu sabia que, durante as semanas seguintes, seria a única da família em Freeville acima de doze e abaixo de setenta e cinco anos com uma licença de motorista válida. No Queen, diante da bagunça de xícaras de café e pratos sujos de ovo, tia Lena olhou para mim cheia de expectativa. Tive a impressão de que ela via um volante gigantesco no lugar de minha cabeça. Na verdade, ela nem precisava ter perguntado. Eu sabia que, um dia depois de deixar Emily na universidade, teria que levar tia Lena e tio Harvey ao hospital de Syracuse. Depois de uma longa vida cheia de saúde, tio Harvey estava com problemas cardíacos, passara por uma cirurgia e agora enfrentava o que os médicos costumam chamar genericamente de "complicações".

A vida de mamãe e de tia Lena, a irmã mais velha, estava desacelerando. A circunferência de seu mundo tinha encolhido a um circuito de cerca de vinte quilômetros por estradas conhecidas. A viagem até Syracuse, a uma hora de distância por uma rodovia interestadual, seria demais para elas. Se antes eu programava meu tempo de acordo com os compromissos de trabalho e as viagens com Emily, agora tinha que ficar atenta para saber que pessoa da geração mais velha precisava ir a algum lugar. Disse a tia Lena que voltaria a tempo de levá-la e ao tio Harvey ao hospital.

Emily decidiu se despedir da cidade circulando de bicicleta pelas ruas, dizendo adeus à escola, à agência do correio e aos balanços do *playground*. Na manhã seguinte, antes de pegar a estrada, passamos na casa de mamãe. Ela veio até a varanda apoiada na sua bengala.

— Até logo, querida. — Mamãe nunca diz "adeus", mas apenas "até logo".

— Até logo, vó. Eu te escrevo — disse Emily, e eu sabia que ela o faria.

Eu tinha reservado a longa viagem até a Virgínia para uma série de palestras que pretendia apresentar à minha filha sobre temas como "Você e seu corpo", "A ameaça oculta nas dívidas do cartão de crédito", "Companheiras de quarto: a boa, a má e a bipolar" e "A tentação dos recrutadores do Corpo de Treinamento dos Oficiais da Reserva". Percebendo o que a esperava, Emily me despistou com uma parada de sucessos no rádio e frequentes paradas nas Dunkin' Donuts espalhadas pelo caminho. A duas horas do *campus*, sentindo que o tempo estava terminando, eu lhe disse:

— Tenho tanta coisa para lhe dizer. Queria conversar com você sobre as coisas importantes da vida.

— Mãe, não estou partindo para uma viagem em alto-mar. Só estou indo para a faculdade. Sempre que tiver uma pergunta sobre uma coisa importante da vida, eu telefono e você me responde. O que você acha?

Através da névoa que descia sobre a paisagem sulista, eu podia ver que as imponentes árvores que ladeavam a rodovia pareciam murchar sob o forte calor.

— Mãe, que tal listar seus cinco livros preferidos? — Emily propôs.

— Boa ideia, querida.

Emily sabia que só a resenha de literatura comparada sobre Edith Wharton e Virginia Woolf ocuparia a maior parte do tempo de viagem restante.

Aquele dia de agosto estava abafado e úmido. Os cabelos colavam na testa em mechas molhadas de suor. Estacionei diante do prédio de tijolos que seria o dormitório de Emily e a acompanhei quando ela desceu para se apresentar às duas companheiras de quarto. Uma delas viera da China sozinha. Sentada na cama, ela nos contou que aquela manhã conversara com a mãe, que ficara em Pequim, por uma webcam. A outra moça estava com os pais, que, muito ansiosos, falavam alto e rápido sobre comprar mais ventiladores (não havia aparelho de ar condicionado) e em mudar a disposição dos móveis. Ajudei Emily a descarregar suas coisas e, enquanto ela ficou no quarto, saí caminhando pelo *campus*, onde centenas de famílias realizavam o mesmo ritual de descarregar as *vans* de montes de Tupperware e tentar manter os sentimentos tão fechados quanto as embalagens.

Quando voltei ao dormitório, o pai de Emily tinha chegado de Nova York e tentava abrir caminho no quarto pequeno lotado. Trocamos um rápido cumprimento, como sempre fazíamos, e não pude deixar de me lembrar do dia em que nos conhecemos, quase trinta anos antes, num ambiente semelhante, em meus primeiros dias na universidade. Ele se ofereceu para ir comprar fita adesiva, umas prateleiras e uma almofada, e Emily concordou.

Mais tarde, naquela tarde, saímos os três do quarto sufocante e fomos a uma livraria na cidade. Sentei-me com meu ex para tomar um café gelado enquanto Emily fazia umas compras de última hora de material escolar. Tínhamos nos conhecido e nos amado em meio aos livros (e em cima deles). Naquela época, fiquei encantada de saber que ele registrava em um caderno todos os livros que lia. Ainda tínhamos facilidade para conversar sobre trabalho, sobre a programação da tevê e sobre o que estávamos lendo e escrevendo. Ele me cumprimentou pelo sucesso profissional, e eu agradeci. Perguntei sobre sua mulher e seus filhos, e ele me contou. Trocamos informações sobre as doenças de nossos pais e nossa mútua preocupação com o sofrimento deles.

Ao longo dos anos, mantive com meu ex-marido um relacionamento tranquilo, da mesma forma como nos divorciamos: *cordialmente*. Enquanto ele falava, eu imaginava que aquele talvez fosse um dos nossos últimos encontros. Provavelmente, eu o veria na festa de formatura, talvez em um enterro e, quem sabe, num casamento, mas os laços que nos uniam tinham afrouxado e há muito tempo não me sentia mais ligada a ele. Nos primeiros dias depois da separação, eu precisava me conter para não ligar para ele. Como uma viciada submetida a um programa de doze passos, no fim de um dia interminável eu me deitava na cama, me cumprimentava por não ter ligado e prometia a mim mesma não ligar no dia seguinte. Agora, pensava até em apagar seu número de telefone da agenda do meu celular, porque, com nossa filha na faculdade e sem necessidade de marcar as visitas entre os dois, não teria nenhum motivo para lhe telefonar. Emily tinha registrado os quatro números de telefone do pai em meu celular.

— Bom, chegou o grande dia — ele disse.
— É, parece que sim.
— Ela é uma menina ótima — ele disse, apontando na direção de Emily.
— Estou muito animada com o futuro dela — eu disse.
— Você fez um ótimo trabalho, Amy.
— Ela foi uma menina muito fácil de educar.

Eu? Nem tanto. Me educar não foi exatamente um piquenique.

A faculdade de Emily planejara atividades separadas para estudantes e pais. Emily saiu para conhecer as novas colegas, meu ex-marido voltou ao seu hotel e eu participei de uma humilhante gincana que também pretendia ser um coquetel. Lembrei como na universidade as atividades se misturam à bebida de uma maneira que não se vê no mundo aqui fora.

Na manhã seguinte, encontrei Emily na cafeteria da escola para o café da manhã e ela me contou que gostara das companheiras de quarto e não via a hora de o ano letivo começar. Ela teria uma dia cheio de atividades à sua frente e eu tinha que partir.

Caminhamos em silêncio, de braços dados, até o carro. Ela me encarou com altivez e disse:

— Mãe, você vai ficar bem.

Levantei os olhos para olhar para ela. Minha filhinha já era uma moça mais alta que eu.

— Sei que vou ficar bem, querida, e você também.

Decidi que, até esse dia em que nós duas ficaríamos bem, encerraria meus sentimentos em Tupperware.

Emily abriu a porta do carro e me colocou diante do volante do mesmo jeito que os policiais fazem com os criminosos nos filmes — com uma mão protetora no topo da cabeça, para que ela não batesse no batente da porta.

Depois, enfiou a cabeça pela janela do carro e me abraçou.

— É só entrar no match.com, mãe, e um monte de caras vão aparecer.

— Está certo, criança. Eu também te amo — eu disse, dando a partida. Ela ficou me acenando até se transformar num pontinho no espelho retrovisor e desaparecer como uma aparição na paisagem cintilante de seu novo lar.

Peguei estradas secundárias para atravessar a Virgínia e voltar a Washington. Naquela noite, fiquei na casa de Gay, que me olhou com ternura e me serviu uma taça de vinho. Gay tinha começado a aprender percussão recentemente, e, embora eu preferisse ter os olhos perfurados a aprender um novo instrumento, quando ela pegou seus dois djembês africanos e me ensinou uma batida simples, senti que estava me comunicando com minha querida amiga de uma nova e maravilhosa maneira. Gay fora a primeira professora de Emily na escola maternal e a vira crescer. Eu amava seus dois filhos, que também já estavam na universidade, como qualquer de meus sobrinhos e sobrinhas. Gay e eu tínhamos um pacto de viver juntas como duas solteironas quando ficássemos velhas — mas nós duas esperávamos não ter que chegar a isso.

Esperei que alguma coisa — qualquer coisa — viesse provar quanto eu sentia falta de Emily. Mas nada aconteceu. Enquanto eu esperava, minha filha se apropriou de sua vida adulta. Tínhamos partilhado sua infância, e sua tarefa agora era sair de casa, e minha tarefa era deixá-la ir. Não conseguia nem pensar em voltar para minha casa vazia, a não ser para assumir que teria que afogar minha solidão em vinho, família e séries de tevê. Enquanto viajava para Freeville, me concentrei em prender as lágrimas e redirecionar minha atenção para as outras mulheres da minha vida.

Porque agora era a sua vez.

Doze

Voarei para longe

Tio Harvey tem o regime de sono de uma abelha. Vai para a cama às sete da noite e acorda às duas da manhã, totalmente descansado e pronto para a polinização depois de sete horas de sono profundo. As horas mais despertas e ativas de tio Harvey são as da madrugada. Enquanto o resto do mundo desfruta de um sono REM restaurador — divertindo-se no sonho com garotas bonitas ou com Pierce Brosnan —, tio Harvey toma um pote de café, lê a Bíblia e assiste ao canal Fox News até o amanhecer. Como sua energia começa a diminuir por volta do meio-dia, ele, sabiamente, sempre marca suas consultas médicas para o primeiro horário do dia.

Na manhã seguinte de minha volta da universidade de Emily, desci às seis da manhã e já encontrei tia Lena e tio Harvey me esperando pacientemente na frente da casa para levá-los ao hospital de Syracuse. Fiquei imaginando se eles teriam dormido no carro.

Durante a viagem, conversei com eles sobre a encantadora paisagem ondulante da região de Mohawk Valley. Contei-lhes a viagem para deixar Emily na faculdade e que ela já tinha telefonado para dizer que estava se adaptando bem. Vimos juntos o nascer do sol.

No hospital, tio Harvey entrou para a sua consulta e eu e tia Lena nos sentamos na sala de espera. Liguei meu *laptop* e tentei trabalhar. Tia Lena pegou uma revista para ler, mas logo caiu no sono, segurando a bolsa no colo.

Tia Lena parecia cansada. Ultimamente, todas as mulheres mais velhas da minha vida pareciam cansadas. Eu estava preocupada com elas. Tinham trabalhado e criado seus filhos. Mereciam descansar — mamãe principalmente, que tinha feito tudo isso sozinha.

Infelizmente, a artrite reumatoide que a atacara nos últimos vinte anos a tinha incapacitado num nível doloroso. Agora, eu e minhas irmãs nos esforçamos para tornar sua vida mais fácil. Faço as compras da sua casa e, algumas noites, cozinho o jantar para ela. Depois, assistimos à CNN juntas. Fazemos visitas, conversamos sobre livros, vamos ao cinema e passeamos pelo campo. Tento fazer por ela as mesmas coisas que ela fez por mim, mas só me dei conta de que estava conseguindo recentemente, durante um jantar, quando me inclinei para cortar a carne para ela, do mesmo jeito que a gente faz quando nossos filhos são bem pequenos.

Soube que minhas prioridades tinham mudado no dia em que cancelei uma reunião com meu advogado para levar o gato de minha mãe ao veterinário para cortar o pelo. Alguém pode estar se perguntando por que um gato precisa ser barbeado ou quem consegue ganhar a vida barbeando gatos. Também tinha essas perguntas na cabeça. (Respostas: (1) tapetes peludos e carrapichos e (2) ninguém ganha a vida barbeando gatos, mas há quem faça isso assim mesmo.)

Tio Harvey precisou ir ao hospital de Syracuse mais algumas vezes naquele fim de outono. Como sua saúde parecia melhorar um pouco entre uma consulta e outra, eu esperava ansiosamente por essas viagens. Depois da consulta, parávamos em algum lugar para almoçar. Meus parentes geralmente andam em bandos, de modo que estar com meu tio e minha tia sozinhos era um raro prazer. Felizmente, um dia, diante de um frango ao molho branco seguido de pudim de arroz, pude lhes dizer quanto eu adorava passar esse tempo com eles.

Em outubro, viajei para Chicago a negócios. Estar longe de Freeville pela primeira vez em três meses me fez pensar. Estou me aproximando dos cinquenta. Conheci o mundo, mas estou vivendo no mesmo pedacinho de terra onde nasci. Estou cercada de pessoas que não se impressionam nem um pouco comigo. Não ligam a mínima se minha coluna tem vinte e dois milhões de leitores, se estive no *Today*, se bati de frente com Bill O'Reilly ou se meu nome já foi usado como pista no *Jeopardy*.* Só lembram de minha falta de jeito na escola secundária. "Pepper", minha inimiga de trinta anos atrás no grupo de líderes de torcida, trabalha no consultório do ginecologista local. Quando a encontrei na reunião de ex-alunas no último verão, tudo o que ela disse foi:

— Amy, você cortou o cabelo!

Fui uma líder de torcida medíocre. Eu adorava aquilo, e conseguia gritar bastante alto, mas meus músculos, tendões e cartilagens não cooperavam. Vendo Pepper na reunião, tudo em que pude pensar foi que não conseguia fazer um *spacatto* e como ela era maldosa comigo.

— É verdade, Pepper — respondi, friamente. — Cortei o cabelo. Em 1982. (Com a sorte que eu tinha, podia ima-

---

* *The Today Show* é um conhecido programa matinal de notícias e entrevistas da rede americana NBC; Bill O'Reilly é comentarista político e âncora de *O'Reilly Factor*, programa da tevê a cabo; *Jeopardy* é, desde os anos 1960, um famoso programa de perguntas e respostas da tevê americana, com distribuição de prêmios. (N. da T.)

ginar quem estaria calçando as luvas de borracha no meu próximo Papanicolau.)

Comecei a pensar em minhas escolhas. Será que, servindo de babá aos mais velhos e levando gatos à barbearia, eu estava usando bem o meu tempo? Ainda tinha uma coluna diária para escrever e perspectivas profissionais a explorar. Essas dúvidas continuavam sem solução na viagem de volta de Chicago. Estava voltando à minha cidadezinha natal e à vidinha nossa de todos os dias. Apesar do conselho de minha filha, não tivera um só encontro em muitas luas. O último beijo gostoso fora há anos. Seguindo as instruções de Emily, entrei no match.com e digitei o *zip code* de Freeville. Os rostos que surgiram — todos eles — me pareceram demasiado familiares. Qual fora mesmo a última vez em que cheguei ligeiramente bêbada em casa e decidi dormir com alguém? Numa sexta-feira, há pouco tempo, me vi toda excitada porque meu sobrinho tinha um jogo de futebol e eu ia assistir. Pela primeira vez em muitas semanas, passei batom.

Voltei de Chicago em uma terça à noite. Na manhã seguinte, liguei para mamãe para ver se ela queria uma carona até o Queen Diner, porque era quarta-feira e era isso que fazíamos às quartas. Rachel atendeu ao telefone.

— Venha para cá agora.

Corri à casa de minha mãe e encontrei tia Millie, Rachel e mamãe sentadas na sala. Tia Millie pediu que eu me sentasse. Como seus olhos se encheram de lágrimas, Rachel assumiu o comando. Disse que tia Lena tinha morrido de um ataque do coração na noite anterior. Ela nem estava doente! Mas então me lembrei como ela parecia cansada na sala de espera do hospital, cochilando com a bolsa no colo.

Tia Lena estava com oitenta e cinco anos, uma idade em que a morte dificilmente pode ser descrita como uma tragédia. Mas foi um choque, e já sentíamos a sua falta. Tínhamos sido tão abençoados que a última pessoa da família tinha morrido em 1966. Tinham sido mais de quarenta anos com todos vivos e saudáveis.

Parentes de todas as partes do país se reuniram em Freeville para celebrar a vida e chorar a morte de tia Lena. Era evidente que ela era muito amada. Trabalhara na cantina da escola de Freeville, criara os filhos, ajudara a criar alguns dos netos e até alguns bisnetos. Estavam todos lá para lhe agradecer. Ela era mesmo especial.

No funeral, na igreja metodista de Freeville, meu primo Roger conduziu a cerimônia, e Rachel, meu primo Jan, minha sobrinha Clara e eu cantamos o tradicional gospel *I'll fly away*. Durante o ensaio, eu quase não consegui cantar, porque as lágrimas me impediam de encontrar o tom. Perguntei a Rachel como conseguiria cantar sem chorar. Ela me deu uma dica:

— Cante olhando para a partitura. Não olhe para a congregação, porque, se olhar e vir como as pessoas estão tristes, você está perdida.

Mas quando chegou a hora e nos juntamos diante do altar, diante do caixão de minha querida tia, percebi que não podia *não olhar* para a minha família.

Vi minha mãe sentada ao lado de tia Anne em seu banco habitual. Ela, que nunca diz "adeus", mas apenas "até logo", estava imóvel e sem expressão. Seu rosto era uma máscara estoica, mas seus olhos acinzentados estavam vermelhos e úmidos. Naquela manhã, mamãe me dissera: "Eu só queria ter conhecido Lena melhor". Como seria possível conhecer melhor uma pessoa com quem se conviveu durante setenta e oito anos? Mas acho que entendi o que ela quis dizer. Lena era de longe a mais reservada das tias. E, quando a gente ama uma pessoa, sempre quer conhecê-la melhor. Cantamos.

Some bright morning when this life is over
I'll fly away
To that home on God's celestial shore
I'll fly away
I'll fly away oh glory
I'll fly away (in the morning)
When I die hallelujah by and by
I'll fly away.*

Tia Millie se levantou e disse que não conseguia falar em homenagem à irmã. Mas então disse, simplesmente:

— Éramos quatro irmãs, e agora somos três.

Sei que minha geração tem que carregar um fardo substancial e singular. Podemos ter filhos até os cinquenta anos e nossos pais ainda estarão desfrutando a festa — bastante saudáveis para desistir deste mundo. Pesquisas mostram — e muitas cartas enviadas à minha coluna confirmam — que o fato de vivermos ensanduichadas entre duas gerações que precisam de nós representa uma enorme pressão. Deixamos de trabalhar, deixamos de estudar, deixamos de ter amizades e relacionamentos porque precisamos cuidar de filhos e pais. Ficamos doentes, cansadas, ansiosas por um momento de descanso.

Aqui estou, na meia-idade, e finalmente entendo o que significa ser adulta: dar sem a menor possibilidade de recompensa. Eu achava que ser mãe assinalaria o início da minha vida adulta. Mas, emocionalmente, ser mãe não se compara a tentar manter essas mulheres maravilhosas em minha vida — sabendo o tempo todo que um dia elas vão partir.

---

* "Numa manhã clara quando a vida acabar/ Eu voarei para longe / Para aquela casa na praia celestial do Senhor / Eu voarei / Eu voarei para longe, ó glória / Eu voarei para longe (de manhã) / Eu morrerei, aleluia, um dia / E voarei para longe." (N. da T.)

O outono carrega uma beleza toda própria. Naquele outono, vi as folhas mudarem de cor e ouvi o grasnar de centenas e centenas de gansos selvagens voando para o sul, onde passariam o inverno. Eu não passava um outono em Freeville desde que me formara na escola secundária. A temporada de futebol estava animada. Sentei-me com Rachel à sombra de nossa velha escola para torcer por Clara, minha sobrinha de catorze anos. Pintei os degraus da varanda e guardei os caiaques.

De minha casa na Main Street, vi as folhas se soltarem das árvores e, levadas pelo vento, voarem em uma chuva de cor. Passei a manhã de meu quadragésimo oitavo aniversário juntando-as em montes gigantescos. Na noite de Halloween, entreguei um punhado de doces para centenas de fantasminhas, duendes e pequenas Paris Hiltons, liguei para Emily e lhe descrevi a cena. Senti meu desejo sazonal costumeiro por queijo picante e xarope de bordo. Em minhas ocasionais viagens de trabalho para Chicago, eu perambulava ao redor de nosso apartamento, com seu lindo lago e belas vistas da cidade, e entendi que não morava mais lá. Tinha voltado para casa.

Emily e eu nos escrevíamos — cartas de verdade, escritas em papel e fechadas em envelopes. Ela contou que estava lendo *Life of Johnson* de Boswell. "Samuel Johnson me lembra Bill Clinton", ela disse. Emily estava feliz, e eu estava feliz por ela. Respondi, contando que Chester, o gato, fugira de casa e que um belo dia eu não iria mais atrás dele, para que ele aprendesse como era bom ficar na esquina da Union com a Main Street à procura de Friskies. Contei-lhe as novidades sobre a avó, tias e primos. Descrevi nosso mais recente encontro das quartas-feiras no Queen Diner e a tristeza de ver a cadeira vazia de tia Lena. Disse-lhe também que estava pensando seriamente em reformar e ampliar nossa casa, de modo a transformá-la num lar permanente.

Minha casinha na Main Street estava ficando pequena demais. Eu queria uns três metros mais no andar superior, com uma varanda voltada para o rio. Até já podia vê-la na minha imaginação. Às vezes, pressionava as mãos contra a parede do quarto dos fundos. *M-e-x-a--s-e.*

Chamei um construtor local que eu conhecia e lhe pedi para dar uma olhada na casa. Conhecia Bruno desde que estava na sétima série. Com o passar dos anos, ele construíra uma empresa de sucesso. Emily e eu víamos placas com seu nome diante de edifícios em construção e de algumas casas históricas espalhadas pelo condado. Nós o encontrávamos de vez em quando levando as filhas para o acampamento ou patinando no gelo. Quando entrei no *site* da sua empresa, seu lema me chamou a atenção: "Sonhos construídos no prazo".

Bruno ficou contente de saber de mim e disse que me encontraria em casa para falar sobre o projeto de reforma. Estacionou a caminhonete diante da casa e entrou. Caminhou pela casa, subiu as escadas, pegou um pedaço de papel e, sem esforço, desenhou a planta.

— Bem, o que você acha? — perguntei. Minha voz soou ansiosa e estridente como a de um esquilo.

Ele me olhou nos olhos. "Nossa! Seus olhos são azuis", pensei.

— Bem, Amy. O negócio é o seguinte. É uma casa muito pequena, situada em um pequeno terreno encostado na rua. A reforma custaria mais do que a casa vale. — Ele fez uma pausa. — Algumas casas pequenas são tão especiais que isso não importa. A gente faz o que for preciso para mantê-las.

Lembrei do dia em que Emily e eu nos mudamos e a porta de tela despencou na minha mão diante da família toda reunida na varanda. Todos os anos, dentro das minhas possibilidades, eu fizera alguma coisa para melhorar a casa, que agora era um lugar adorável. Eu estava orgulhosa de minha casinha, e feliz de ver que Bruno a achara tão especial. Ele tinha fama de ter um gosto impecável.

— Mas... — ele continuou — esta *não é* uma dessas casas especiais. Acho que, se você quer uma casa maior, o melhor é se mudar.

Ele perguntou se podia se sentar e eu lhe ofereci um café. Perguntou se eu soubera de seu divórcio. Eu não sabia. Então ele começou a falar. Ficou mais um pouco, e foi ficando um pouco mais.

Quando partiu, fiquei pensando nele. Como todo mundo na cidade, eu o conhecia desde sempre. Ele era uma das treze crianças criadas em uma fazenda de leite situada a uns cinco quilômetros da nossa. Em três sucessivos verões, depois que nossa fazenda faliu, eu e minhas irmãs passávamos parte do dia na casa dele. Mamãe estava trabalhando em período integral e fugíamos da nossa casa, solitária e silenciosa, para nos juntarmos ao rebanho de crianças e vacas da fazenda vizinha. Nadávamos no lago e nos sentávamos à mesa para jantar com a família. Lembro que observava Bruno recolher as Holsteins no pasto e conduzi-las ao estábulo para a ordenha da tarde. Na colheita do ano em que devia ir para a escola secundária, eu e minhas irmãs ajudamos Bruno e alguns de seus muitos irmãos e irmãs a empacotar os montes de feno no celeiro.

Vendo Bruno se afastar em sua caminhonete, lembrei dele no uniforme do time de basquete da escola secundária em 1974 — um menino alto e magro, vestido com *shorts* de cetim e os cabelos amarrados num rabo de cavalo. Ele tinha um bom arremesso, mas seu forte era debaixo da cesta. Bruno era bom no rebote e um especialista nos dribles.

Lembro dele como um jogador rápido, forte, imprevisível e difícil de marcar. Mas a vida parecia ter aparado suas arestas. Agora ele parecia forte e suave ao mesmo tempo. Senti vontade de ir atrás dele e pedir que me levasse a passear. Podíamos jogar damas e nos sentar à mesa da cozinha, lendo o mesmo jornal. Ou dar uma volta de bicicleta.

Eu já podia sentir o longo vento norte no horizonte. Logo a neve começaria a cobrir a Main Street — e os campos, florestas e rios além — com um cobertor branco que duraria seis meses. Em algumas semanas, Emily estaria chegando para o Natal. No dia anterior, eu tirara dois pares de patins de gelo do armário — um para Emily e outro para mim — e os colocara ao lado da porta da frente.

É engraçado como as coisas acontecem. Não foi nada parecido com o que, durante todos aqueles anos, minhas amigas preocupadas em me arranjar um namorado me diziam: "Vá à luta! Você nunca vai encontrar um cara na sala da sua casa!". Aceitei o conselho delas e até o repeti em minha coluna: aconselhava os solteiros a se cadastrar em *sites* de encontros e a fazer um curso de culinária. Eu estava solteira há dezessete anos. Tinha tentado, parado de tentar, recomeçado a procurar e desistido várias vezes. Tinha esquecido e revivido minha paixão adolescente por Donny Osmond durante — Deus meu! — quatro décadas.

E agora, o que eu ia dizer? Que é possível, sim, encontrar um cara na sala da sua casa.

Chegou a manhã de quarta-feira. Eu estava parada no estacionamento do Queen Diner, pronta para encontrar minha família e reiniciar nossa conversa de uma vida toda. Pesei minhas opções. Sabia exatamente sobre o que minha mãe, minhas irmãs, tias e primos e eu falaríamos. Imaginei a pequena pilha de comandas e os montinhos de moedas de gorjeta ao lado dos pratos. Será que as mulheres da minha família sentiriam a minha falta — só daquela vez? Olhei para o telefone, nervosa, ensaiei a minha parte da conversa e digitei o número de Bruno. Ele atendeu ao primeiro toque.

— Fiquei pensando que, já que você rejeitou meu projeto de reforma, o mínimo que você podia fazer era me pagar uma xícara de café.

— Onde e quando? — ele perguntou.

Corri até o Queen e sentei-me à mesa com minha família. Pedi um café simples. Rachel perguntou por que eu estava tão inquieta.

— Hoje não vou poder ficar para o café da manhã.

— Você tem que trabalhar? — minha mãe perguntou. (Era uma pergunta retórica, porque eu nunca faltara a um café da manhã das quartas-feiras para trabalhar — nem por qualquer outra razão.)

— Um encontro amoroso? — perguntou tia Jean. Todo mundo riu — menos eu.

— Bem, tenho que encontrar uma pessoa em Ithaca.

— Não acredito que você está dispensando nosso café da manhã para encontrar alguém em Ithaca — disse Rachel. E olhou para mim. Ela entendeu. — Mas, já que você tem que ir...

Enquanto eu apanhava meu casaco e meu cachecol, mamãe disse:

— Bom, a gente pode se ver mais tarde.

Uma coisa que eu e minha família sabíamos fazer era nos vermos mais tarde. Fazíamos isso há gerações. Por isso, naquele dia, decidi faltar a meu encontro semanal com as mulheres da minha vida e, com sua relutante permissão, me dar a chance de ter uma conversa matinal de quarta-feira com alguém que não tinha o mesmo DNA.

Bruno e eu conversamos por muito tempo. Bebemos galões de café cada um. Depois, pegamos o carro e, atravessando a cidade, entramos na zona rural, passando pelas montanhas, campos e florestas da paisagem de nossa infância. Falamos sobre o trabalho de criar nossas filhas sozinhos. Juntos, tínhamos cinco filhas, nos vários estágios da adolescência — sua filha mais velha e Emily tinham nascido com uma semana de diferença. Bruno me contou a triste história do fim do seu casamento, e eu lhe contei a minha. Nós dois tínhamos levado muitos anos tentando entender o que dera errado.

— Tenho uma ideia, Amy. Que tal fazer tudo diferente desta vez?

Quando Emily voltou para os feriados de Natal, assim que entrou em casa ela disse:

— Uau! Por que todas essas flores, mãe?

Respondi com uma frase que nunca tinha pronunciado em toda a nossa vida juntas.

— Querida... acho que estou namorando!

— Acho que estou namorando também! — ela disse. Estava saindo com um rapaz da universidade. — Então, quem é seu namorado? — Quando eu lhe disse, seu comentário foi: — Bruno? Maravilha!

Bruno e eu passamos as semanas seguintes cercados de nossas cinco filhas. Andamos de trenó, patinamos, jogamos, vimos filmes e cozinhamos juntos. Com cuidado, aproximei-o de mamãe e das tias, que o aprovaram. No nosso encontro no Queen, brindamos com nossas xícaras de café àquele surpreendente romance.

Uma noite gelada, Bruno disse que lamentava ter se recusado a reformar minha casa e me perguntou se, em vez disso, podia reformar a minha vida.

Decidi lhe dar essa permissão.

Este livro foi composto em Carmina BT
e impresso pela gráfica Edigraf sobre
papel pólen soft 80g para a Ediouro, em março de 2009.